PEQUENA ESCOLA DAS EMOÇÕES

Dados Internacionais de Catalogação na Publicação (CIP)
(Câmara Brasileira do Livro, SP, Brasil)

Grün, Anselm

Pequena escola das emoções : como os sentimentos nos orientam e o que anima nossa vida / Anselm Grün ; tradução de Bianca Wandt. – Petrópolis, RJ : Vozes, 2016.

Título original: Kleine Schule der Emotionen : Wie Gefühle uns bestimmen und was unser Leben lebendig macht

ISBN 978-85-326-5337-6

1. Conduta de vida 2. Emoções 3. Entusiasmo I. Título.

16-07030   CDD-248.4

Índices para catálogo sistemático:

1. Emoções : Vida cristã   248.4

Anselm Grün

PEQUENA ESCOLA DAS EMOÇÕES

Como os sentimentos nos orientam e o que anima nossa vida

Tradução de
Bianca Wandt

© 2013, Verlag Herder GmbH, Freiburg im Breisgau
Anselm Grün

Título do original em alemão: *Kleine Schule der Emotionen – Wie Gefühle uns bestimmen und was unser Leben lebendig macht*

Direitos de publicação em língua portuguesa – Brasil:
2016, Editora Vozes Ltda.
Rua Frei Luís, 100
25689-900 Petrópolis, RJ
www.vozes.com.br
Brasil

Todos os direitos reservados. Nenhuma parte desta obra poderá ser reproduzida ou transmitida por qualquer forma e/ou quaisquer meios (eletrônico ou mecânico, incluindo fotocópia e gravação) ou arquivada em qualquer sistema ou banco de dados sem permissão escrita da editora.

CONSELHO EDITORIAL

Diretor
Gilberto Gonçalves Garcia

Editores
Aline dos Santos Carneiro
Edrian Josué Pasini
José Maria da Silva
Marilac Loraine Oleniki

Conselheiros
Francisco Morás
Leonardo A.R.T. dos Santos
Ludovico Garmus
Teobaldo Heidemann
Volney J. Berkenbrock

Secretário executivo
João Batista Kreuch

Editoração: Gleisse Dias dos Reis Chies
Diagramação: Sheilandre Desenv. Gráfico
Revisão gráfica: Fernando Sergio Olivetti da Rocha
Capa: Felipe Souza | Aspectos

ISBN 978-85-326-5337-6 (Brasil)
ISBN 978-3-451-30754-6 (Alemanha)

Editado conforme o novo acordo ortográfico.

Este livro foi composto e impresso pela Editora Vozes Ltda.

SUMÁRIO

Prefácio, 9

Aborrecimento – Uma força muito útil, 17

Aflição – Fardo interior, 23

Afronta – Agitação interna, 26

Alegria – Quando o coração se alarga, 29

Alegria antecipada – Abertura do coração, 37

Alegria maliciosa – Um sentimento saudável, 41

Amargura – Veneno para o sentimento e para o pensamento, 45

Amor – A força do encantamento, 49

Antipatia – Ver com outros olhos, 53

Ciúme – Feridas de minha história de vida, 56

Cobiça – Nunca o suficiente, 61

Comoção – Contato com as profundezas da alma, 66

Compaixão – Colocar-se no lugar do outro, 69

Confiança – Sólida base da alma, 76

Confusão – Enredado em incertezas, 82

Decepção – Arrancado da ilusão, 86

Desespero – Aquém da serenidade, 91

Espanto – Princípio da sabedoria, 94

Esperança – Fôlego da alma, 97

Felicidade – Simplesmente viver a vida, 100

Ficar ofendido – Ferido em minha dignidade, 104

Hilaridade – Alegre e leve, 107

Hostilidade – Desafiado pela sombra, 111

Impotência – Aceitar limites, 115

Indiferença – Intocado pelo sentimento de
humanidade, 122

Inveja – Espinho venenoso, 125

Ira e raiva – Dominar, não *se* deixar dominar, 132

Luto – Transformação em nova vida, 136

Medo – Um convite, 143

Nojo – Alerta para uma decisão pela vida, 150

Ódio – Uma energia destrutiva, 154

Prazer – Remédio contra a tristeza, 161

Preocupação – Confiar na graça de Deus, 167

Remorso – Dor da alma, 171

Resignação – Sem energia, sem esperança, 174

Satisfação orgulhosa – Consciente do próprio valor, 180

Saudade – Tensão e profundidade, 185

Secura emocional – Morto internamente, 190

Sede de vingança – Descontrole, imoderação, 194

Sensação de liberdade – Em sintonia comigo mesmo, 198

Sentimento de culpa – A força do perdão, 201

Sentimento de vazio – Direcionamento ao essencial, 207

Serenidade – Confiança aliada à esperança, 213

Solidão – Oportunidade para crescimento, 217

Surpresa – Inesperadamente abençoado, 223

Tédio – Convite a despertar, 226

Tranquilidade – Estar em equilíbrio, 229

Vergonha – Proteção da nossa dignidade, 234

Posfácio, 239

Referências, 243

PREFÁCIO

As emoções nos dinamizam. Elas nos colocam em movimento internamente. E não só modelam nosso interior, como também nossa conduta, nossa relação com o mundo e com as outras pessoas. A palavra "emoção" provém do verbo latino *emovere*, que significa "remover, revolver". Muitas vezes as emoções nos revolvem internamente; por exemplo, reagimos de modo emocional a uma crítica. Ou, então, simplesmente nos deixamos levar por elas quando algo nos entusiasma ou nos apaixona, mas também quando um grave infortúnio nos golpeia.

Muitas pessoas sofrem por causa de suas emoções. Sobre as que têm emoções fortes, muitos dizem que são temperamentais e, na maioria das vezes, o conselho que a isso se segue é que deveriam se deixar guiar pela razão. Entretanto, sem dúvida alguma, também vale o contrário: Se alguém não demonstra sentimento algum, é impossível estabelecer uma relação com ele. O outro fica nos parecendo, então, apenas uma fachada, pois não o percebemos como pessoa. A impressão que se tem é de que, por trás dessa fachada, não há vida alguma. Por conseguinte, nos sentimos inseguros, porque não podemos adivinhar o que ele realmente pensa e qual é a sua postura a nosso respeito.

A emoção com a qual o outro reage perante nós mostra que nos leva a sério. Sentimo-nos compreendidos. Percebemos que somos importantes para ele, que movemos algo em seu interior. Quando alguém reage, apaticamente, a nós, interpretamos isso, de fato, como menosprezo à nossa pessoa.

Na psicologia atual fala-se em inteligência emocional ou competência emocional e, com esses termos, refere-se a habilidades sociais e atitudes que repercutem, também, dentro do tecido econômico-empresarial. E todos concordarão que somente a razão ou um conceito racional de eficiência não bastam para dirigir uma empresa, ou os colaboradores de um negócio, ou uma administração. Inclusive o andamento dos processos funcionais está diretamente relacionado às pessoas, e é preciso inteligência emocional para se dinamizar uma empresa. A inteligência emocional é uma fonte indispensável para suscitar esse dinamismo. E também é essencial para compreender os funcionários e avaliar, acuradamente, seu desempenho. Já a competência emocional consiste na capacidade de lidar corretamente com os estados de ânimo dos colaboradores. É preciso entrar em sintonia com os sentimentos de cada pessoa da equipe para lhe dar resposta adequada. Sobre aquele que dirige um departamento, sem inteligência e competência emocional, dizemos que se comporta como um macaco em loja de louças. Aqui e ali, pisa nos sentimentos de seus colaboradores e não se dá conta, de modo algum, do quanto os magoa e do quanto os destrói, por dentro, com isso.

Somente consigo ter inteligência e competência emocional se conheço minhas próprias emoções e se sou capaz de lidar bem com elas. Devo me permitir emoções e, ao mesmo tempo, reagir, conscientemente, diante delas. Não devo me deixar dominar por meus sentimentos, mas utilizá-los como fonte de energia. Porém, só posso conseguir isso se confrontar-me com as emoções e tentar compreendê-las. Então não as temerei mais, e sim, me familiarizarei com elas e, assim, serei capaz de processá-las de maneira que me torne, também a mim mesmo, alguém mais vivo e mais humano.

As pessoas que não sentem emoção alguma sofrem de frieza emocional, de atrofia interior. Delas não brota nenhuma vitalidade e também nenhum dinamismo. Não fazem nenhum movimento, não se comprometem com nada. É preciso entusiasmo, a força da emoção para que eu me coloque em movimento. Todas as grandes personalidades não contaram apenas com a razão, mas também com fortes emoções. Por isso, até hoje, ainda consideramos suas palavras e feitos. Elas nos tocam.

Falar sobre as emoções, disse Verena Kast, sempre significa também falar sobre si mesmo: "Na vivência de nossas emoções, nossa identidade sempre está em jogo, sempre entra em jogo como somos na qualidade de *pessoa*". Se não quiséssemos permitir mais nenhuma emoção, se tentássemos desativá--las, então seríamos seres humanos que não mais se deixam abalar por nada. Não mais se deixar afetar por nada significaria, portanto, não mais perceber a si mesmo, como também não assumir nenhuma responsabilidade e não mais agir (KAST. *Freude* 10). Deixar-se afetar emocionalmente é um recurso importante para nossa atividade. Mas as emoções, em si, também são valiosas. Sentir a emoção da alegria, da esperança, da confiança e da satisfação é, em si, algo bom. Na vivência da emoção, percebemos a nós mesmos, sentimos a nós mesmos e isso nos faz bem. "Emoção é, antes de tudo, uma forma de autopercepção" (KAST, 10).

Ao ler minhas ideias, digo, estas que escrevo a respeito das emoções, você entrará em contato consigo mesmo. Você descobrirá, assim, suas próprias emoções. E, com isso, descobrirá a si mesmo. No que se segue, você também sempre lerá algo sobre si mesmo. Talvez o que escrevi sobre as emoções nem sempre tenha correspondido à sua experiência pessoal. Caso tenha sido assim, minhas ideias a esse respeito seriam, então, um convite para que você transforme sua experiência pessoal com as emoções em palavras próprias.

As emoções sempre são ambivalentes. Elas são capazes de nos dominar e paralisar, ou de nos estimular a realizar alguma coisa. Muitas vezes não conseguimos entender bem as nossas emoções. Elas nem sempre são inequívocas e claras. Não é à toa que falamos em "sentimentos misturados". Não raro temos a impressão de estarmos carregando um coquetel de emoções dentro do peito.

Se o título deste livro é *Pequena escola das emoções*, isso pode significar que: não estamos à mercê de nossos sentimentos, que podemos aprender a lidar com nossas emoções e que somos capazes de nos aprimorarmos nessa prática. Do mesmo modo, em nossa vida diária, podemos nos exercitar a prestar atenção e a observar, cuidadosamente, esses sentimentos amorfos e nebulosos, a analisá-los e a fazer com eles um outro "coquetel", do qual possam ser extraídas emoções que nos deem – a nós e a outros, por nosso intermédio – uma injeção de vida.

Quando não levamos as emoções a sério ou se as reprimimos, é comum que elas procurem aparecer de um modo que não nos faz bem. Quando os sentimentos nos inundam, então não somos nós que *os* temos sob controle, são eles que *nos* têm. Sem dúvida que o de que se trata, aqui, é de enxergar as emoções como fonte de vitalidade da pessoa e do próprio agir. Somente com uma análise e com uma compreensão cuidadosa elas podem se tornar mais claras e se transformar. E, para a transformação, é importante mostrá-las ao outro, seja apresentando-as nas orações a Deus, seja abrindo nosso coração no diálogo com uma outra pessoa.

Justamente as emoções fortes são aquelas que tendem a nos impulsionar a trabalhar para um futuro melhor. Em minhas emoções, reajo à realidade, às pessoas que me encantam ou me magoam, a situações do meio social, a situações da minha vida.

A emoção sempre tende a me retirar do que, nesse momento, já existe. Tende a me proporcionar uma outra visão para que eu enxergue a realidade com outros olhos, ou, então, para fazer com que eu me mexa, para mudar a situação, para criar condições distintas para a minha vida e para a vida do meu semelhante. "Cada sentimento singular transforma o mundo inteiro", disse certa vez o filósofo Jean-Paul Sartre. Mediante nossas emoções podemos, portanto, adquirir dinamismo para fazer com que esse mundo seja mais humano e mais cheio de esperança.

Sugiro que, ao ler meus pensamentos aqui apresentados, você sempre fique atento à reação pessoal que se produz em seu coração. Não se deixe influenciar por mim a respeito de nenhuma emoção – ouça em seu interior que sentimento lhe parece familiar. E depois reflita sobre como tem lidado com essa emoção até agora, e se, através da leitura, você encontra novas pistas que o levem a assumir suas emoções, a se familiarizar com elas e a vivê-las de modo que, assim, se convertam numa fonte de energia, vitalidade e alegria de viver.

ABORRECIMENTO
Uma força muito útil

Um sentimento que, recorrentemente, nos assalta é o aborrecimento, em alemão, *Ärger*. Esta palavra alemã origina-se de *arg*, que significa "grave (*schlimm*), mau (*böse*), ruim (*schlecht*)", e está relacionada ao radical *ergh*, que é a ideia de "estremecer (*beben*), tremer (*zittern*), ser fortemente abalado (*heftig erregt sein*)". Contudo, o verbo *ärgern* quer dizer: fazer algo muito grave, muito maligno, muito ruim. À medida que me aborreço com alguma coisa, torno ainda pior o acontecimento que me causa aborrecimento; passo a enxergar o ocorrido, através de uns óculos escuros que só são capazes de distinguir "mau e ruim" onde quer que seja.

Em sua forma reflexiva, o verbo *sich ärgern* (aborrecer-se) também quer dizer que *sou eu mesmo que aborreço a mim*. É, portanto, minha decisão se me aborreço ou não com alguma coisa. Eu faço algo a mim mesmo, o que significa dizer que sou o responsável se me aborreço. Certamente não podemos evitar que uma pessoa ou um infortúnio nos aborreça. A primeira reação não está em nossas mãos. Mas, se passamos o dia inteiro travando diálogos interiores e nos afundando, cada vez mais, no aborrecimento, isso, sim, é de nossa total responsabilidade. Aborrecimento tem a ver com agressão. Na verdade, o aborrecimento pretende nos convidar a arrancar de nossos corações aquilo que tanto nos aborreceu, a nos libertar do que nos aborrece de fato. Há uma força, no aborrecimento, que nos ajuda a nos distanciarmos de palavras ou acontecimentos negativos. E, às vezes, o aborrecimento também é um impulso para promover mudanças;

Há uma força no aborrecimento que nos ajuda a nos distanciarmos de palavras ou acontecimentos negativos.

por exemplo, se me aborreço porque de vez em quando dá algo de errado na administração da Abadia, então, o aborrecimento me move a organizar uma reunião para tratar do problema. Desse modo, o aborrecimento ajuda a encontrar a melhor solução.

O escritor Hermann Hesse disse certa vez: "O que não faz parte de nós, não nos perturba". Frequentemente, o aborrecimento mostra que a pessoa que nos aborrece mobiliza algo dentro de nós que não temos condições de aceitar. O aborrecimento nos faz lembrar de nossos próprios lados sombrios para que possamos nos reconciliar com eles. Essa emoção também é um espelho no qual posso ver a mim mesmo muito bem. Mas esse é apenas um lado. Se eu tomasse a frase de Hermann Hesse ao pé da letra, significaria: "Eu sou sempre o culpado todas as vezes que me aborreço. Algo em mim não está em ordem. Então preciso verificar, em mim mesmo, o que não está bem comigo". Mas o aborrecimento pode ter ainda outra função. O aborrecimento é a força para me distanciar de pessoas que emanam uma energia negativa. Se uma pessoa me aborrece sempre, posso perguntar a mim mesmo: "O quão frustrada ela deve ser para ficar me criticando toda hora? O quão ferida ela deve estar para ficar me ferindo sempre? Como deve estar seu coração, se dele só emanam coisas pesadas e desagradáveis?" Quando assim indago a mim mesmo, meu aborrecimento me convida a me distanciar do outro. Ele tem o direito de ser tão insatisfeito, mas deixo isso com ele. É seu problema, não meu.

A respeito de um aborrecimento assim nos relata o Evangelho de São Marcos. Quando Jesus quis curar o homem que tinha a mão seca, os fariseus estavam-no observando para poderem acusá-lo. Então, Jesus encarou cada um "relanceando um olhar indignado sobre eles, e contristado com a dureza de seus corações" (Mc 3,5). Aqui, o aborrecimento se eleva à indignação. Entretanto, a indignação não leva Jesus a gritar com os fariseus. Propriamente, a indignação é a força que faz com que Jesus deles se distancie – e, apesar disso, faça o que acha certo. Com isso Ele diz: "A dureza de seus corações é seu problema. Vocês são assim. Mas eu faço o que Deus me instruiu. Eu não lhes dou poder algum". O aborrecimento, então, dá a Jesus a capacidade de se libertar do poder dos fariseus. Todavia, Ele não somente se distancia. Na tristeza Ele também se compadece deles. Ele como que lhes dá a mão. Não lhes dá poder, mas não os abandona; Jesus gostaria de seguir junto com eles um mesmo caminho. Mas os fariseus recusam a mão estendida. Eles persistem em sua condenação. Eles partem e decidem matar Jesus.

Tendo essa passagem do Evangelho como pano de fundo, fica a pergunta: Como podemos lidar com nossos aborrecimentos no dia a dia? Há diversos caminhos. Um deles é tomar o aborrecimento, conscienciosamente, e questioná-lo para saber o que ele quer me dizer: É um impulso para me distanciar de pessoas negativas ou para que eu mude alguma coisa? Ou devo externar meu aborrecimento, dialogar com o outro a esse respeito, para que, assim, eu possa esclarecer algo? Ou então meu aborrecimento me convida a me tornar mais consciente acerca de mim mesmo e a não dar tanto poder ao outro e às coisas exteriores? Pois não se trata de reprimir o aborrecimento. Em primeiro lugar, devo investigar o que está por trás dele. Quer dizer, dialogar com meu aborrecimento a fim de esclarecer o que ele quer me transmitir. Quando isso se torna claro para mim, então posso lidar com meu aborrecimento de modo diferente e expressá-lo de forma justa. É importante, porém, que eu, antes de tudo, encontre um meio para fazê-lo.

Uma professora era sempre a responsável por escrever o protocolo do conselho de docentes. Após ter adoecido de câncer, decidiu que futuramente não aceitaria mais tal tarefa. Porém, o reitor da escola lhe disse que ninguém saberia fazer isso tão bem quanto ela e que deveria voltar a exercer essa atividade. Ela se aborreceu com isso, mas, mesmo assim, fez o que ele disse. Diante de mim, a professora reclamara que o reitor não levara a sério o seu pedido. Disse a ela: "A senhora mesma não se levou a sério. Se a senhora se aborrece, então, também é responsável por expressar seu aborrecimento, de modo tão claro, que o reitor tenha de levá-la a sério".

O aborrecimento nos faz lembrar nossos próprios lados sombrios para que possamos nos reconciliar com eles. Às vezes, ele também é um impulso para promover mudanças.

Como devo expressar meu aborrecimento é naturalmente a pergunta que fica. Às vezes falar sobre o aborrecimento com o outro pode fazer todo sentido. Mas, nesse caso, devo externá-lo adequadamente, ou seja, no que tange ao outro. Com frequência tendemos a despejar sobre o outro aborrecimentos que nada têm a ver com eles, mas que ficaram represados dentro de nós. Essa é uma exteriorização inadequada. Há quem exploda quando se aborrece. Mas, após a explosão, é preciso recolher os cacos. Isso é mais uma coisa que não ajuda muito. Na verdade, eu não devo me deixar dominar pelo aborrecimento, e sim, expressá-lo ativamente e de modo que, de certa maneira, funcione positivamente.

Um outro modo consiste em libertar-se do aborrecimento. Há aborrecimentos que não podemos transformar em mudança de uma determinada situação. Eles simplesmente se acumularam. Para isso, se livrar do aborrecimento pode ajudar. Alguns arrancam de si o aborrecimento, gritando, dentro do carro. Outros se liberam à medida que cortam lenha. Uma atividade física pode nos ajudar a nos livrar do aborrecimento que quer se instalar em nossa alma e, também, em nosso corpo. Cada um tem de encontrar seu modo de lidar com o aborrecimento. Não devemos nos aborrecer porque nos aborrecemos, mas, sim, encontrarmos meios criativos de lidar com isso. O aborrecimento tem sempre um sentido. O que está em jogo é descobrir que sentido é esse e, enfim, utilizar o aborrecimento para modificar a situação que nos aborreceu.

AFLIÇÃO
Fardo interior

O sentimento de aflição (em alemão, *Kummer*) vinculamos à preocupação e aos pensamentos nebulosos, ao permanente sofrimento emocional. Originalmente, *Kummer* significa: entulho, lixo. O entulho que se amontoa sobre nossa alma, o lixo que se acumula em nosso interior, assim, torna-se uma imagem que representa sobrecarga emocional e fadiga, dificuldades e pesar. Alguns pais afligem os filhos. Preocupam-se com eles e temem que não se desenvolvam bem, que sigam caminhos errados. Falamos, também, em *Kummerkasten*, a caixinha de orações dentro da qual depositamos nossas aflições, na esperança de que Deus conheça nossos problemas e deles cuide. Uma magnífica cantata de Johann Sebastian Bach mostra a aflição como protoexperiência humana, sob uma comovente e sombria forma musical, cuja obscuridade, pouco a pouco, somente na segunda parte, enfim, se desata em fé na misericórdia: "Tive muita aflição em meu coração..."

Sempre que falamos de aflição, a imagem do entulho e do lixo nos parece familiar. Vinculamos o sentimento de aflição a um fardo interior que se instalou em nós. A aflição é como um monte de lixo que cresceu em nosso íntimo. O lixo não mais nos permite respirar livremente. Ele nos oprime o coração. Lixo é o que foi triturado e esfacelado. Como a poeira, ele costuma se acumular sobre nossa alma, tornando tudo gris e conspurcado dentro de nós. Ele suja nossos sentimentos. Sentimo-nos sujos internamente, ora pelo lixo depositado pelo outro em nossa alma, ora pelo que nós mesmos produzimos e deixamos de descartar. Fomos desatentos e permitimos que o acúmulo de lixo ficasse cada vez maior.

Quem encara a vida como desafio e a aceita, apesar de todas as dificuldades e aflições, encontrou um caminho rico de perspectivas para lidar com os obstáculos.

Aflição pode estar relacionada a diferentes circunstâncias da vida do indivíduo. Em conversas, sempre ouço falar em *Liebeskummer*, aflição amorosa. As pessoas relatam que o amor não traz mais felicidade. As coisas não estão mais correndo tão bem com o namorado ou namorada, com o esposo ou esposa. Não há diálogo. Os interesses são diferentes. O outro não consegue demonstrar que me ama e me mantém distante. Eu o amo, mas ele não corresponde a esse amor. Na aflição amorosa, temos menos a imagem de fardo e muito mais a de preocupações torturantes, dores que o amor não correspondido nos infringe. O desiludido é aflito, inspira tristeza e desolação. É possível ler em seu rosto que seus pensamentos giram, dolorosamente, em torno do tema amor e que ele não consegue se desvencilhar disso. Ele míngua, perde sua força. Fenece como uma flor.

Como dizemos em alemão, aquele que, por aflição amorosa, come excessivamente, desenvolve *Kummerspeck* (obesidade de fundo emocional). Ele precisa comer, sempre mais, para se defender dessa aflição. Porém, o preço disso quem paga é o corpo, que engorda cada vez mais. Quem, ao contrário, encara a vida como desafio e a aceita, apesar de todas as dificuldades e aflições, encontrou um caminho rico de perspectivas para lidar com os obstáculos. Às vezes alguém diz: *Estou acostumado com aflição.* Ele assume uma tarefa desagradável, porque está acostumado a ter de solucionar problemas em seu trabalho onde as dificuldades são rotineiras. Quem lida, dessa forma, com a aflição não tem uma expressão angustiada. Ele não foge da aflição. No trabalho, se desvencilha do entulho que obstrui seu caminho; lida, com tranquilidade, com os problemas e, assim, pode evitar algumas aflições – para si mesmo e para os outros.

AFRONTA
Agitação interna

Durante conversas, com certa frequência, escuto a frase: *Ich fühle mich gekränkt* (eu me sinto afrontado). Afrontar (em alemão, *kränken*) significa: causar sofrimento, ofender, magoar, fragilizar, desrespeitar. O sentimento de afronta é a reação a palavras que ferem, a gestos ofensivos, a comportamento desrespeitoso. Sentir-me afrontado parece-me ser como uma doença (*Krankheit*). Sinto-me cansado, irritado e enfraquecido. Não tenho mais força interior, não tenho mais vontade de viver. Toda a disposição de começar alguma coisa desaparece. Sinto-me paralisado. E meu sentimento é: agitação interior.

Sou convidado a examinar mais detidamente: O outro quis me ofender de propósito?

O sentimento de afronta me convida a observar mais detidamente: O outro me afrontou realmente? Ele quis me ofender de propósito? Ou suas palavras me atingiram, ali, justamente onde não estou bem?

Suas palavras apenas relevaram o mal que há em mim? Geralmente causa-me afronta se o outro toca no que não sou capaz de admitir em mim mesmo. Com isso, o outro não quer me ferir; mesmo assim, isso me afronta. Muitas vezes é a criança ofendida e magoada que desperta em mim quando o outro fala sobre isso ou aquilo. Em suas palavras, eu projeto minhas próprias experiências com meus pais. Talvez eu ouça, no tom do outro, o tom da minha mãe ou do meu pai. E, então, sinto-me afrontado, apesar de o outro não ter tido tal intenção. É bom que eu fale sobre o sentimento de afronta com o outro. Mas não devo proferir uma acusação: *Você me afrontou*. Pelo contrário, trata-se de uma mensagem autônoma, *eu* informo ao outro que ele me afrontou. Assim, ele tem a liberdade de reagir a isso. Ele não tem de se defender; tem toda a liberdade de examinar em seu íntimo se, de fato, não havia uma tendência ofensiva em suas palavras. Contudo, talvez ele também reconheça que, suas bem-intencionadas palavras desencadearam na outra parte algo que ele não queria. Aí é importante não se culpar e concordar que o outro tem razão em sentir-se afrontado. Sua informação torna-me sensível àquilo que poderia afrontá-lo e onde o outro ainda não se encontra em sintonia

> *As palavras do outro me atingiram justamente onde não estou bem? Suas palavras apenas relevaram o mal que há em mim?*

consigo mesmo. Então posso reagir, à medida que me desculpo: "Eu não quis dizer isso". Ou, então, à medida que compreendo o outro em seu *sentir-se afrontado* sem sentir-me culpado por isso. Agora o compreendo melhor e lidarei com ele, de modo mais sensível, no futuro. O afrontado tem o dever de levar a sério o seu *sentir-se afrontado*, mas também o de procurar pelas motivações mais profundas para isso. Assim, ele está diante da tarefa de se aceitar, exatamente ali, onde se sente tão ofendido.

ALEGRIA
Quando o coração se alarga

Ao final de sua visão bastante pessimista do homem, a antiga sabedoria veterotestamentária Eclesiastes aconselha: "Ora, pois, come alegremente teu pão e bebe contente teu vinho, porque Deus já apreciou teus trabalhos" (Ecl 9,7). Portanto, Eclesiastes parte do pressuposto de que, mesmo com todo sofrimento que o atinge, o ser humano foi criado para a alegria. Mas posso comer meu pão alegremente quando não me sinto bem? Isso depende de nós, é nossa a decisão de optar pela alegria face a todo sofrimento que, vez por outra, venha a nos abater. Porém, a alegria não é simplesmente um sentimento que eu, por comando, aciono em mim. Alegria é expressão de vida plena. Eu não posso, portanto, forçar a alegria em si. Mas posso tentar viver minha vida com todos os seus sentidos. Assim sendo, também poderei entrar em contato com a alegria que existe em mim. Quanto mais consciente eu vivo, serei cada vez mais capaz de sentir a alegria que me habita. Em todos nós, no fundo da alma de cada um, a alegria está à espera. Mas, frequentemente, nos encontramos dissociados dessa alegria. Entrar em contato com essa alegria interior é algo que podemos exercitar. Ela alarga nosso coração. Quando percebemos a alegria que trazemos em nosso íntimo, muitas coisas se tornam mais fáceis para nós. Desse modo, nossa vida adquire um novo sabor. E é salutar para nossa vida, como um todo, quando a alegria invade o espaço dentro de nós que, na verdade, a ela é destinado.

Alegria é uma emoção sublime, diz a psicóloga Verena Kast. Faz bem à alma. Torna a alma grande, jovial e faz com que a vida fique mais leve. A alegria me une a outras pessoas. Ela força a partilha com outras pessoas. Diz um ditado popular que alegria dividida é alegria dobrada. A alegria produz relações e infunde nova vida. Fortalece a saúde. Isso já era do conhecimento dos sábios do Antigo Testamento: "Ânimo alegre faz florescer a saúde; espírito abatido seca os ossos" (Pr 17,22). Quem se sente bem, faz um bem ao próprio corpo. Alegria tem um efeito benéfico sobre a saúde. Quando alguém vai para a cama aflito e cheio

Para poder se alegrar não é preciso muita coisa. Estar totalmente presente no momento é o suficiente.

de preocupações, essas muitas vezes o atormentam, inclusive, durante o sono; "pois a tristeza matou a muitos, e não há nela utilidade alguma" (Eclo 30,25).

Para poder se alegrar não é preciso muita coisa. Estar totalmente presente no momento é o suficiente.

Não podemos nos obrigar à alegria, muito menos os outros. Mas, obviamente que, de vez em quando, a exortação à alegria se faz necessária. Paulo, quando estava preso, assim exortou os filipenses: "Alegrai-vos sempre no Senhor. Repito: alegrai-vos!" (Fl 4,4). Muitas vezes sequer percebemos o quanto celebramos nosso desânimo, o quanto nos fixamos na negatividade. Há bastantes motivos para nos alegrarmos. Não há apenas a alegria no Senhor, sobre a qual escreve Paulo. Há também as inúmeras pequenas coisas pelas quais podemos nos alegrar diariamente: a fresca manhã, o sol nascente, a bela paisagem onde caminho, a pessoa que a mim se dirige cordialmente e me contagia. É preciso ter olhos bem abertos para que eu possa alegrar-me por minha vida. Justamente quando estamos abertos para o que vem ao nosso encontro, entramos em contato com a alegria que há dentro de nós. A psicóloga Verena Kast diz que alegria não custa nada além de atenção: "Vemos algo belo, escutamos algo que nos arrebata, comove, algo começa a florescer..." E quando somos capazes de pular de alegria, então ela diz que se torna evidente que a alegria é a compensação ao peso de se viver na Terra e à escuridão. "Alegria nos sugere uma possível ligação com algo que nos transcende."

O próprio Jesus compreendeu isso exatamente desse modo. No Evangelho de São João, Ele não nos exorta à alegria, e, sim, fala por si próprio, que suas palavras nos levam à fonte de alegria que há em nós: "Disse-vos essas coisas para que a minha alegria esteja em vós, e a vossa alegria seja completa" (Jo 15,11). Falando, Jesus compartilha com seus ouvintes a alegria que lhe habita. Tomamos parte de seu estado de espírito. E quando suas palavras penetram nosso coração, entramos em contato com a fonte de alegria que há em nós, mas que muitas vezes se encontra encoberta pelos medos e preocupações de nosso dia a dia. Com suas palavras, o manancial de alegria se eleva do fundo da minha alma, e também inunda minha consciência, possibilitando, assim, que eu sinta a alegria com todo o meu ser.

Muitas vezes isso também nos acontece ao cantar; quando cantamos, sentimos a alegria que repousa no fundo de nossa alma. Com frequência, o canto a faz despertar e, assim, ela contagia nosso estado de espírito. Santo Agostinho diz: *Chorós* (coro) *vem de Chara* (alegria)[1], cantar no coral vem da alegria. Cantar exprime alegria. E o canto também leva à alegria que guardamos em nós. Isso vale para qualquer música. Pessoas que não estão bem entram em contato com a alegria interior quando deixam que

---

1. Ambas as palavras em língua grega [N.T.].

a música de alguém como Mozart, Bach ou Handel lhes invada. A música transforma o estado de nossa alma. Ela nos preenche de alegria. Quanto mais conscientemente eu viver, mais poderei sentir a alegria em mim.

Não é preciso muita coisa para podermos nos alegrar. Estar totalmente consciente do momento atual já basta. Quando procuro estar inteiramente presente, simplesmente me alegro por existir. Sou, logo, me alegro. Assim, vivenciarei minha respiração como alegria. Ao respirar, inspiro alegria, vida, amor, clareza, frescor. Aprecio não ter de fazer nada no momento; permaneço no mesmo lugar e respiro, olho, ouço, cheiro. Estou em sintonia comigo mesmo. Não é necessário qualquer agrado vindo do exterior. Só a disposição de se dedicar de imediato ao momento presente já é o suficiente para se experimentar alegria. Mas também isso requer prática, deixar as preocupações de lado, despedir-se de toda inquietação, para se estar totalmente presente, aqui e agora.

Uma importante fonte de alegria é a natureza. No Velho Testamento há um salmo no qual o orante, com muita alegria, narra o que observa. Ele se deleita com o fato de Deus ter mandado que a fonte jorrasse, para que, então, o asno selvagem dela bebesse e matasse sua sede; descreve, alegremente, os pássaros do céu, cujo canto ecoa entre as folhagens;

louva o Senhor que dá o "vinho que alegra o coração do homem" (Sl 103,15). E ele termina seu poema com as palavras: "Possam minhas palavras lhe ser agradáveis! Minha única alegria se encontra no Senhor!" (Sl 103,34). Para ele, a alegria pela criação é, ao mesmo tempo, alegria pelo Criador. A criação é plena de alegria, quando, finalmente, a admiramos com olhos bem abertos e coração cheio de gratidão.

A palavra alemã *Freude* deriva de *erregt* (excitado), *bewegt* (agitado), *lebhaft* (animado), *schnell* (acelerado). Alegria deixa o pulso acelerado, faz com que flua a energia que existe no ser humano. Tudo funciona sem qualquer esforço para tanto. Alegria confere leveza à vida, priva-a de tudo que esgota e aflige. Quem se compromete com essa alegria vai mais longe. Tudo lhe parece ficar mais fácil. Nada é problema para ele. O peso de viver na Terra não existe. A alegria nos impulsiona a resolver as coisas. Ela é uma importante mola propulsora da criatividade. Quem trabalha com alegria não fica cansado tão facilmente, o que quer que faça se transforma em alegria, o trabalho não é percebido como fardo, mas como grande gerador de alegria.

A Bíblia considera Deus como o verdadeiro motivo da alegria. O salmista se refere a Deus como "Deus de minha alegria" (Sl 42,4). A imagem de Deus desse salmista estava bem longe da imagem atemorizante de Deus, que, até hoje, algumas pessoas ainda conservam em suas almas. Deus é motivo de alegria. Peregrinar para a Casa do Senhor e celebrar maravilhosas missas em seu louvor alegrará o coração do judeu devoto. Ao mesmo tempo, ele sabia que Deus enxuga todas as lágrimas e que sempre nos encherá de alegria. Deus é a garantia de que, renovadamente, poderemos nos

Quanto mais conscientemente eu viver, mais intensamente poderei sentir a alegria em mim.

alegrar. Não era uma espiritualidade eufórica que não admitia a tristeza; pelo contrário, os orantes devotos também confrontavam-se com as experiências negativas de suas vidas. De fato testemunharam que Deus pôde transformar sua tristeza em dança. Jesus fez referência a essa visão veterotestamentária da alegria quando diz: "Assim também vós: sem dúvida, agora estais tristes, mas hei de ver-vos outra vez, e o vosso coração se alegrará e ninguém vos tirará a vossa alegria" (Jo 16,22). Os Pais da Igreja chamam a alegria sobre a qual Jesus fala de *alegria perfeita*. Gregório de Nissa fala a respeito da alegria indestrutível, irrestrita e eterna. Ela não está vinculada ao visível; emana das camadas insondáveis da alma. É a expressão de uma profunda experiência de Deus. Quem experimenta Deus – e Gregório de Nissa está convencido disso – traz, em si, uma alegria que, embora encoberta por experiências dolorosas exteriores, em última análise, jamais lhe pode ser furtada. Esta é uma alegria divina.

O que o místico grego fala sobre a alegria interior, o poeta alemão Johann Wolfgang von Goethe pôs nas seguintes palavras: "A maior felicidade é morar dentro de si mesmo". Quando a alma está bem-adaptada ao corpo onde mora, quando percebo que, dentro de mim, estou à vontade e me sinto em casa, estou cheio de alegria. Alegria é expressão de vida consciente e plena.

Quem mora em si mesmo descobre a alegria no espaço mais íntimo da morada de sua vida. Ela sempre esteve dentro dele, mesmo quando nuvens exteriores a encobrem. Face aos conflitos e rigores do mundo ao meu redor, sempre que me recolher ao espaço interior de minha alma, sentirei alegria. Os místicos falam sobre o espaço do silêncio no mais íntimo de nós, sobre a cela interior. E, nesse lugar, experimentam o céu, dentro de si mesmos, uma alegria sublime, conforme é expressa no jubiloso canto dos anjos.

ALEGRIA ANTECIPADA
Abertura do coração

A alegria antecipada é um tipo específico de alegria. Crianças sentem essa alegria antes de toda festa, sobretudo, antes do Natal, naturalmente. Elas ficam exultantes por conta das celebrações que ainda estão por vir, seja a do nascimento de Jesus, seja a do próprio aniversário, já ficam com a cabeça nas férias à medida que antecipam os prazeres. Elas desfrutam dessa alegria antecipada que, agora mesmo, já modifica seus ânimos. Elas anseiam pelo acontecimento que preenche sua alegria antecipada. A antecipação transforma sua rotina, torna-a particularmente interessante. Elas se encontram no momento presente, e seus corações, porém, na ânsia pelo acontecimento vindouro, que não mostra sua nebulosidade, e, sim, sua luz.

Alguns creditam que alegria antecipada pode levar unicamente à decepção. Pois, se o Natal ou a festa de aniversário não transcorrerem como esperava, então, ficarei decepcionado, sequer poderei aproveitar a festa. Todavia, isso vale apenas para uma única alegria antecipada, a que pressupunha o exato desenrolar da festa. Em contrapartida, outros dizem o seguinte: Ninguém pode tirar de mim a alegria antecipada. Mesmo que o Natal em família não corra tão bem, o sentimento de alegria antecipada a mim pertence. E ninguém pode estragá-lo. Pois a alegria antecipada independe da realização da mesma. Só de senti-la, ela já transforma, nesse exato momento, a minha vida.

Quando me alegro pelas férias que virão, não estou fixado ao modo como elas terão de transcorrer. Talvez eu me alegre com os rituais como os celebrados em conjunto nas férias anteriores: À noite, após uma caminhada fatigante, cozinhar juntos, jantar e degustar um bom vinho tinto. Eu me lembro, então, de como foi bom terminar nosso jantar com um sorvete e, por último, fechar a noite com uma dose de aguardente. Minha alegria antecipada vive, portanto, das recordações das últimas férias. As próximas não têm necessariamente de transcorrer do mesmo modo. Eu não possuo, por exemplo, qualquer influência sobre o clima. A paisagem será diferente, a hospedaria será outra. Mas, apesar disso, há muito já me alegro pelo tempo livre que terei. Eu sei: Deixarei para trás todas as preocupações, entregar-

A alegria antecipada é independente da efetiva realização do meu desejo.

-me-ei às caminhadas e desfrutarei da convivência com meus irmãos. Somente quando a alegria antecipada está fixada a determinada experiência, é possível que eu fique decepcionado, por exemplo, por causa da chuva nos dias de lazer. E mesmo quando o mau tempo atrapalha os planos para as caminhadas: a alegria antecipada que tive permanece intacta. Ela me animara durante semanas e me mantivera desperto em meu cansaço antes de entrar em férias. A alegria antecipada pode me abrir para que eu possa realmente aproveitar as férias. Lembro-me com prazer do jeito que celebramos a missa o ano passado e, nessa atmosfera, me encaminho para a celebração da atualidade. Mas ela não precisa transcorrer como no ano anterior. Todos nós estamos diferentes também. Nós celebramos a missa com o que nos move no momento. Contudo, a alegria antecipada abre nossos corações para a reunião à noite, para o desfrute da ceia em conjunto.

Quando cozinhamos, logo no início, a alegria antecipada pelos pratos já começa a se insinuar. Quando arrumamos as malas, nos anima a expectativa de, nas férias, experimentarmos uma outra maneira da vida se dar. Quando uma visita se anuncia, sentimos a alegria antecipada de reencontrar o amigo ou a amiga, depois de longo tem-

A alegria antecipada já modifica minha vida no momento presente. E ninguém pode tirar essa alegria de mim.

po, de passar uma noite agradável conversando. A alegria antecipada me exime de tratar a visita como algo rotineiro. Ela abre meu coração de tal maneira que reconheço o que há de especial na situação, cumprimento as pessoas com consciência disso e me dedico totalmente ao encontro. Justamente por isso, a alegria antecipada é uma das melhores alegrias, porque quando a tensão da expectativa já se dissipou, ela nos torna capazes de desfrutar, também, daquilo que ela desencadeou e de, realmente, nos alegramos muito por isso.

ALEGRIA MALICIOSA
Um sentimento saudável

Ficamos constrangidos quando sentimos alegria maliciosa; ela é considerada como algo indecente. Nós nos alegramos em segredo quando o outro sofre um prejuízo, quando algo não dá certo para ele, quando ele comete um erro, quando cai em descrédito perante os outros. Mas, apesar de toda reserva em relação à alegria maliciosa, nós simplesmente a sentimos quando nos tornamos espectadores de uma notória situação desagradável.

A alegria maliciosa sempre tem a ver com nossa relação com a pessoa que sofre um prejuízo. Na alegria maliciosa as agressividades reprimidas vêm à baila. Normalmente não sentimos alegria maliciosa quando um bom amigo se prejudica. Mas, quando enxergamos o outro como rival, que não queremos que tenha sucesso ou de quem invejamos a posição social, então nos alegramos, veladamente, porque nada dá certo para ele. E se o desafortunado ainda agiu mal e o seu azar é que, provavelmente, a justiça será restabelecida, talvez sejamos capazes de nos alegrarmos até publicamente.

Um outro motivo para a alegria maliciosa, todavia, também reside no fato de que o prejuízo não atinge a nós, mas ao outro. Costumamos sentir assim: O mesmo infortúnio poderia ter acontecido conosco. E nos comprazemos, porque o prejuízo passou ao nosso largo; *graças a Deus isso não aconteceu comigo.* Isso ajuda cada um de nós a desabafar. A alegria maliciosa é algo como um desviar do próprio medo de que pudesse acontecer conosco o que se passou com o outro. *Eu me safei mais uma vez.* É, portanto, um sentimento de liberdade interior e livramento – e, nesse sentido, a alegria maliciosa é um sentimento inteiramente saudável.

Depende sempre de como lidamos com a alegria maliciosa que sentimos, independentemente da nossa vontade. Até mesmo em relação ao melhor amigo, a alegria maliciosa pode surgir, vez por outra, quando ele nos conta o que lhe aconteceu. Entretanto, mais fortemente ainda, haverá alegria maliciosa em nós quando algo dá totalmente errado para uma pessoa que não temos em alta conta. Nesse caso, o primeiro sentimento de alegria maliciosa pode ser perfeitamente um alívio para nós: Não precisamos lutar com o outro de maneira alguma, o destino já se cumpriu contra ele. Mas nossa alegria maliciosa se torna injusta quando rimos dele, com desprezo, quando caçoamos dele, quando dele fazemos objeto de escárnio perante os outros. Desse modo, a nossa reação se transforma em ridicularização, em insulto ao outro. Em seu infortúnio, outro mal pode se defender de nossa zombaria. Assim, à nossa maneira, exercemos um tênue poder sobre ele – e geralmente o humilhamos assim.

Que a alegria maliciosa surja em nosso íntimo, não podemos evitar. Simplesmente acontece. Mas está em nossas mãos o modo como lidamos com ela. Não podemos jamais dar livre-curso à alegria maliciosa assim, para ferir o próximo ou para ridicularizá-lo em público. Entretanto, quando reprimimos a alegria maliciosa, então, com frequência, a externamos como um lamento pela situação do outro, mas que soa falsamente e machuca nosso semelhante ainda mais. A questão é perceber a alegria maliciosa em si mesmo, permiti-la e transformá-la em gratidão pelo infortúnio não ter *me* atingido. Quando lido atentamente com minha alegria maliciosa, aí ela pode se transformar numa preocupação sincera com o próximo: É a alegria pelo outro ter sofrido prejuízo e não eu, mas, ao mesmo tempo, é o desejo de que o

> *A alegria maliciosa revela-me muito do que há escondido em minha alma, minhas agressividades secretas ou minha inveja.*

prejuízo não seja tão grande e de que isso, principalmente, não afete seu caminho.

Quando examino minha alegria maliciosa, ela se torna chave para minha própria alma. Ela me revela muito do que há escondido em minha alma, minhas agressividades secretas ou minha inveja. E ela me mostra, afinal, que eu sempre me comparo com os outros. Na alegria maliciosa, sinto-me melhor que o outro. Assim, posso me colocar acima dele e, com isso, ter o sentimento de que vivo melhor ou mais disciplinadamente que o próximo e que algo parecido não aconteceria a mim tão facilmente. Mas, quando repassar todos esses sentimentos, reconhecerei: Não tenho qualquer garantia sobre minha vida. Ainda que eu me assegure, de todas as formas – um infortúnio pode igualmente me atingir, eu também posso ter azar. Assim sendo, a alegria maliciosa me leva, enfim, a ser grato pela minha vida e por Deus ter me protegido de um grande malefício até o presente momento. E somente quando sou grato por minha própria vida, sou capaz de rezar para o outro, para que ele possa lidar com seu infortúnio e para que Deus o guarde.

AMARGURA
Veneno para o sentimento e para o pensamento

A palavra alemã *bitter* (amargo) origina-se de *beissen* (morder). Na verdade, é a ideia de *beissend scharf* (amargo de doer). *Morder* tem uma conotação negativa: morder alguém, machucar. Quando sentimos um gosto amargo, ao saborearmos alguma coisa imediatamente a recusamos. Mas quem se permite assimilar coisas amargas demais tornar-se-á igualmente amargo, ele percebe em si alta carga de amargura. Sempre que conversamos, ele deixa para trás um travo final amargo. Ele é o próprio amargor. Nos protegemos de pessoas amargas. Temos medo de que possam transmitir sua amargura à medida que nos *mordem e ferem*.

Falamos de amargura quando um grande infortúnio nos atinge. Isso é amargo demais para nós. Repudiamos esse gosto totalmente. Porém, não nos tornamos necessariamente amargurados quando algo amargo nos acontece. Nós tentamos transformar o amargor de modo que possamos apreciar seu gosto. A Bíblia nos conta uma maravilhosa história de como o amargor é transformado em doçura. O povo de Israel acabara de atravessar o Mar Vermelho. "Caminharam três dias no deserto sem encontrar água. Chegaram a Mara, onde não puderam beber de sua água, porque era amarga" (Ex 15,22s.). O povo, cheio de amargura, murmurou contra Moisés e Javé, que os conduziram para fora do Egito. Porque lá tinham água para beber em abundância. Por ordem do Senhor, Moisés jogou um madeiro na água e ela se tornou doce. Os Pais da Igreja fizeram

Observar a amargura do outro e transformá-la – para isso é preciso paciência.

à cruz a alusão dessa cena. A madeira da cruz torna doce a amargura do homem. Quando, em meio a um amargo sofrimento, olhamos para o amor de Jesus que se torna visível na cruz, a amargura interior se transforma em doçura; o amor torna doce o amargo. No Evangelho de São João, Jesus crucificado bebe a amargura dos homens para, através de seu sofrimento, tornar doce toda a amargura. Ele bebe o vinagre amargo da humanidade e o transforma em amor por meio de sua morte na cruz. Esse amor, então, flui de seu coração aberto para nós.

Observamos uma pessoa que tem muita amargura dentro de si. Seu semblante é amargo, a expressão facial endureceu. Seus olhos nos transmitem essa amargura interior. É-nos desagradável entrar em contato com pessoas amarguradas. A amargura é como um veneno que contamina o pensar e o sentir de uma pessoa. De alguém assim só ouvimos palavras amargas. Pessoas amargas não conseguem suportar quando estamos felizes e demonstramos bom humor. Elas querem nos contaminar também com o veneno de sua amargura, com o propósito de depreciar nossa alegria dizendo coisas como: nós não teríamos noção do que é a vida, a vida é injusta, as pessoas são ruins,

> *É necessário que tenhamos a esperança de que o outro abandone sua amargura, do momento que se saiba aceito e amado.*

nós só fingimos estarmos alegres. Assim sendo, tudo depende do que é mais forte: o veneno dos amargurados ou o nosso amor que – como Jesus na cruz – supera sua amargura e a transforma em doçura. É uma luta de poder entre amargura e amor; entre o amargurado – que deseja manter-se fixado à sua amargura e que precisa de aliados para tanto – e aquele cheio de amor e que, não só não se permite o veneno da amargura, como também está preparado para reconhecer o amargor do outro e transformá-lo. Para isso, é necessária muita paciência e, também, a esperança de que o outro abandone sua amargura, do momento que se saiba aceito e amado.

AMOR
A força do encantamento

Amor é uma das mais fortes emoções. Mas é ao mesmo tempo uma virtude, uma capacidade de amar a si mesmo e aos outros. Enquanto emoção, o amor pode nos encantar. Os contos de fadas falam sempre sobre isso. É quando aquele que ama se transforma. Ele fica mais bonito, atraente e encanta quem olha para ele. Todo mundo sabe o que é o amor e como ele é. Mas como devemos descrever adequadamente o amor enquanto emoção? Os gregos têm três palavras para o amor. E cada um desses termos nos conduz a uma experiência emocional diferente.

Temos, primeiramente, *Eros*, o amor cobiçoso. Eros é representado como homem jovem que atira suas flechas de amor. Quem é atingido por elas é abrasado por um amor febril. Ele não consegue se defender desse forte sentimento. O amor nos sobrepuja. Dizemos ter "caído na armadilha" do amor ou, então, que o amor "nos pegou", mas, com isso, queremos expressar que: Estamos completamente à sua mercê. Nós simplesmente *temos de* amar essa pessoa. Algo nela ou nele nos atrai tão implacavelmente que temos de pensar na pessoa a todo instante. Nosso pensamento e nosso sentimento estão totalmente tomados por esse afeto, que tudo abrange. Esse amor fascina e nos deixa encantados. Entretanto, conforme a proverbial experiência, ele também pode nos cegar. Seguimos o amado e somos cegos em relação aos seus lados sombrios. O amor pode levar à felicidade, mas também ao infortúnio, se o seguimos de olhos fechados.

O amor nos realiza e nos decepciona, nos encanta e nos fere.

A segunda palavra, *philia,* significa o amor de amizade. Este possuiu uma outra qualidade emocional. Ele se alegra pelo amigo e o acompanha. Ele é norteado pela lealdade, mas também pela afabilidade e sinceridade. Gosto de conversar com o amigo. Saio com ele para passear. Aprecio sua companhia. Posso me abrir com ele. Sinto-me incondicionalmente aceito. E, de minha parte, também aceito o amigo incondicionalmente. Amor de amizade é uma emoção mais serena do que intensa e, também, um sentimento profundo que me acompanha, por toda a vida, e me impele a sempre procurar ficar perto do amigo.

A terceira palavra, *agape*, é definida pelos teólogos como amor divino. Muitos teólogos causam a impressão de que esse amor divino seria sem grandes emoções. Já Tomás de Aquino acreditava que *agape* sem *philia* e *eros* seria infecundo. Até mesmo o amor puramente divino demanda algum tanto da emoção de *eros*. Se quisermos descrever sua qualidade de sentimento, ela é, propriamente, uma intensa força interior que nos move, mas não nos leva a altos e baixos emocionais, e, sim, a uma serenidade interna, verdadeiramente, à paz. Platão define *agape* (em língua portuguesa, ágape) como sendo uma força divina que atua em nós. Trata-se da força que é maior que tudo e que nos torna capaz de tomar as rédeas de nossa vida, mesmo em situações extremamente difíceis. Também podemos descrevê-la como uma benevolência fundamental em relação a tudo que existe. O amor é o fundamento de toda a existência. E, quando reconhecemos em nós esse *agape*, nos sentimos ligados a tudo que existe. Somos gratos por sermos parte do *Todo* e, na qualidade de indivíduo único que somos, por sentirmos que *somos um* com tudo.

Continuamos girando em torno dele, sempre desejando ser preenchidos por um amor que nos impregne o corpo e a alma de um doce sentimento.

Os poetas não se cansam de escrever sobre o amor e de mostrá-lo como a força mais poderosa: uma força que instiga as pessoas e que tanto pode levá-las à felicidade, como fazê-las cair em desgraça. Os músicos fazem com que o amor seja audível. Quando Mozart compõe uma ária que fala de amor, então, ao ouvir essa música, percebemos não só o sentimento da condessa por seu marido, mas o amor em si. Ele fascina e nos deixa encantados; ao mesmo tempo, nos preenche com um sentimento de ternura e saudade, de dor e também de alegria. Não somente na arte erudita, mas também na cultura popular, o amor está presente como força que pode definir a vida e que, na atração entre homem e mulher, transforma-se em emoção profunda: As canções comerciais alemãs falam, com frequência, sobre amor fracassado, amor ferido, amor infeliz, o que nos instiga e faz com que, recorrentemente, venhamos a sentir falta de um amor que realize nosso desejo mais profundo. Ficamos felizes com o amor. Mas, às vezes, também nos sentimos impotentes diante dele. Ele nos realiza e nos decepciona, ele nos encanta e nos fere. Ainda assim, continuamos girando, em torno dele, sempre desejando ser preenchidos por um amor que nos impregne o corpo e a alma de um doce sentimento.

ANTIPATIA
Ver com outros olhos

Algumas pessoas nos são imediatamente simpáticas; contra outras, desenvolvemos uma antipatia logo de saída. Antipatia origina-se de *anti* = contra e *Pathos*, que significa sofrimento, dor, paixão. Nosso sentimento íntimo, nossa paixão se volta contra o outro. Sim, nós percebemos um sofrimento interior quando pensamos em determinada pessoa. O mais íntimo de nós está ajustado contra ela.

Quando indagamos o motivo da antipatia, não raro reconhecemos que o outro representa algo que nos lembra alguma experiência desagradável na infância. A pessoa talvez nos lembre o pai que gritava ou a mãe deprimida. Então, a antipatia surgida espontaneamente é um sinal de alarme interno de que não devemos nos aproximar muito dessa pessoa. Ela não nos faz bem. Não se pode justificar isso. É simplesmente um impulso interno não se permitir a aproximação de tal pessoa. O sentimento de antipatia também pode ter origem nas lembranças que os outros nos despertam em relação aos nossos lados sombrios, que não nos são simpáticos; o outro nos mostra nossas próprias facetas obscuras que reprimimos. Porque não gostamos de ver nossos lados sombrios, nada queremos ter a ver com quem nos faz lembrar deles.

O sentimento de antipatia simplesmente surge em nós. Todavia, não devemos nos julgar por causa disso. Não temos culpa. Mas somos responsáveis pelo modo como lidamos com esse sentimento. Aqueles que nos provocam tal sentimento não podem ser fixados à nossa antipatia. Não podemos rejeitar ninguém enquanto ser humano. Nosso principal dever é olhar a pessoa, mais detidamente, e observarmos a nós mesmos em seu espelho.

Nosso dever é olhar a pessoa mais detidamente e observarmos a nós mesmos em seu espelho.

Ainda assim, continuaremos a sentir que ela não nos é simpática. Mas seremos capazes de reconhecer que ela, também, possui outros lados, dignos de admiração. Desse modo, não reprimimos nossa antipatia. Nós a notamos, a permitimos e, ao mesmo tempo, procuramos nos distanciar dela para enxergar o outro com os olhos da benevolência. Quando observo a pessoa com os olhos da fé, descobrirei nela algo de bom. Desse modo, ao menos, poderei crer que, por detrás da fachada antipática, há um bom coração. E, se creio na existência desse bom coração, então, posso imaginar o quanto essa pessoa sofre. O sofrimento que a antipatia desencadeia em mim remete ao sofrer de meu semelhante. Ele sofre por sua expressão antipática. Talvez ele não seja antipático apenas a mim. Ele traz algo em si que faz com que os outros se irritem com ele. Suportar isso não é tão fácil. Quando entro em contato com esse sofrimento em mim e no próximo, dentro de mim, a antipatia que sinto se transforma em compaixão. E, ao mesmo tempo, nessa compaixão, há a esperança de que, aos poucos, o outro possa ir deixando para trás esses seus lados negativos que provocam antipatia. E, então, desejo a ele que possa entrar em harmonia consigo mesmo, que se torne simpático a si mesmo e, desse modo, em vez de antipatia, provoque simpatia nas pessoas ao seu redor.

CIÚME
Feridas de minha história de vida

A citação é de Goethe: "O ciúme é uma paixão que procura com ardor o que causa dor". É, portanto, o ciúme uma força que nos impulsiona. Porém, quando nos deixamos dominar por essa paixão, ela faz com que entremos em sofrimento. E se ela possuiu um caráter doentio, compulsivo-obsessivo, então ela gera sofrimento para nós e para aqueles de quem sentimos ciúmes.

Muitas vezes o ciúme tem a ver com inveja. É quando, por exemplo, dizemos que alguém está com inveja daquele que estaria no centro das atenções. Mas, no sentido estrito, costumamos compreender o ciúme no âmbito do amor ou com vistas a uma relação. Alguns psicólogos também falam em "inveja de relacionamentos" (*Beziehungsneid*). Por detrás disso, está o medo de ter de dividir a atenção de alguém com uma outra pessoa "a quem não devemos a honra". Ou tememos perder, por completo, a atenção de uma pessoa amada; a mulher tem ciúme de seu marido, que é idolatrado por outras mulheres; o homem tem ciúmes de sua mulher, porque outros homens a admiram e falam sobre sua beleza. Queiramos ou não, o ciúme surge dentro de nós. Não raro é somente a imaginação, que se distancia da realidade e tudo deforma. Por causa disso, alguns são impulsionados a condutas irracionais, por vezes, até a assassinato. Por assim dizer, são pessoas possuídas pelo ciúme. Outras não querem ser ciumentas. Sua razão lhes diz que não há motivos para que elas tenham ciúmes. E no caso de um ideal de amor que deixa o parceiro e a parceira livres, para essas, o ciúme é, de fato, uma fraqueza. Mas o ciúme geralmente não é movido por argumentos racionais. Ele simplesmente surge em nosso interior. Uma mulher me relatara que se aborrecia demais por causa de seu ciúme. Em casa, ela imaginava que uma das secretárias tomava seu marido ou então o seduzia. A mulher sempre fazia cena de ciúmes para o marido. Apesar de saber que pode confiar nele, esse sentimento corrosivo sempre surge em seu interior. Ela mesma sabe que, com isso, prejudica a si e a seu casamento. Mas quando está sozinha em casa, fica imaginando o que acontece no escritório de seu marido. Ela simplesmente não consegue "desligar" essas fantasias. Elas se instalam em seu corpo.

Não faz sentido apenas reprimir ou simplesmente racionalizar o ciúme. Ele sempre voltará a aparecer. É mais razoável começar a dialogar com ele. Em vez de me deixar destruir pelas fantasias de ciúme, procuro, ativamente, refletir sobre cada uma delas até que se esgotem: Se tudo que fantasio vier mesmo, o que acontecerá então? Tudo estará acabado realmente? Ou então isso tudo me obriga a me voltar para mim, a entrar em contato com o mais íntimo de mim e dizer para mim mesma: Eu não sou só a mulher desse homem. Eu também sou eu mesma. Eu também tenho dignidade. Isso me doeria, mas nem tudo depende desse homem. Em vez de lutar contra a fantasia, eu a permito, confronto-me, reflexivamente, com suas possíveis consequências e, desse modo, consigo chegar novamente a esse caminho de volta a mim mesma, ao meu verdadeiro eu.

Quando paro de valorizar o ciúme e de me desvalorizar, porque sou ciumenta, então, é comum que possa reconhecer os motivos de meu ciúme. Normalmente eles estão na minha história de vida: Um dia me decepcionei no amor e fui ferida, isso faz de mim uma pessoa desconfiada e ciumenta. Tenho medo de perder quem amo para outra mulher, para outro homem. Temo, então, ficar sozinha, ter meu amor ferido. Em diálogo com meu ciúme, posso indagá-lo sobre o que ele está querendo me dizer: Talvez ele me diga que urge uma mudança na relação ou que eu mesma devo mudar. Eu também posso perguntar-lhe qual é o ciúme mais profundo que se esconde nele. Então certamente o ciúme me dirá: Eu gostaria que esse homem amasse só a mim, que eu tivesse meu marido só para mim, que pudesse ter certeza absoluta de que ele ama só a mim. À medida que encaro minhas necessidades, descubro que elas são irreais. Eu não posso aprisionar meu marido para que ele olhe apenas para mim. Ele sempre terá de lidar com outras mulheres. Tudo que posso fazer é aceitar sempre o meu ciúme como um convite a confiar que meu marido me ama e, ao mesmo tempo, a compreendê-lo como expressão de meu grande amor por ele. O ciúme me mostra o quanto amo meu marido. Quando assumo isso, não lutarei contra o meu ciúme, mas, sim, me deixarei convidar a sentir o meu amor pelo meu marido e a ser grata por ele. Desse modo, não continuo me torturando. À medida que permito o ciúme e com ele entro em diálogo, lentamente ele vai se transformando em confiança e amor cada vez mais profundo.

> À medida que permito o ciúme e com ele entro em diálogo, lentamente ele vai se transformando em confiança e amor cada vez mais profundo.

Quando meu ciúme me remete às feridas de minha história de vida, então, tomo-o como oportunidade para analisar minhas feridas e apresentá-las a Deus. Eu não me condeno por causa de meu ciúme. Eu me aceito com minhas feridas, com minhas decepções. Quando o ciúme aparece, eu paro de ficar imaginando em minúcias o que meu marido ou minha mulher poderiam pensar ou fazer, como ele ou ela reagiriam a outra mulher ou a outro homem. Eu dou sinal verde para o ciúme e, em meio a esse sentimento, posso, por exemplo, fazer a *Oração de Jesus:* "Jesus Cristo, Filho de Deus Pai, tende piedade de mim". Se fizer essa oração durante um tempo, o ciúme será transformado e eu passarei a lidar com ele de modo mais misericordioso. Uma outra maneira é apresentá-lo a Deus, imaginando que seu amor penetre meu ciúme e minhas feridas e cure-os, enfim.

COBIÇA
Nunca o suficiente

Para os budistas, a cobiça (em alemão, *Gier*) é a raiz de todo o mal. Porque o homem é cobiçoso, torna-se dependente das coisas deste mundo. Ele quer sempre mais e, por ater-se a essa ambição, torna-se prisioneiro. A Primeira Carta a Timóteo confirma esse ponto de vista: "Porque a raiz de todos os males é o amor ao dinheiro. Acossados pela cobiça, alguns se desviaram da fé e se enredaram em muitas aflições" (1Tm 6,10). Em grego há a palavra *philargyria* = amor pelo dinheiro. O mito grego reconhece em Tântalo a imagem do homem cobiçoso. No submundo, ele representa visivelmente para todos quais são as consequências da cobiça. A história é assim: Tântalo está à beira de um rio de água fresca. Sempre que se curva para beber e saciar sua sede, a água escoa. Sobre sua cabeça há a copa de uma árvore com frutos maravilhosos. Mas, quando ele ergue os braços para colher um fruto e comer, os galhos se movem para longe do seu alcance. Por sua cobiça, Tântalo fica de mãos vazias. O cobiçoso – é essa a lição do mito – é incapaz de se comprazer. Ele quer sempre mais, porém não consegue desfrutar verdadeiramente do que tem. Nem mesmo do que come e bebe. Ele come muito mais, com voracidade, e bebe exageradamente, até se embriagar ou, então, até que uma sensação de saciedade o entorpeça. Em última análise, por detrás da cobiça, está o seguinte sentimento: Eu sou limitado. Por isso, jamais consigo me fartar, para finalmente poder compensar esse sentimento. Entretanto, o cobiçoso pode ter ainda mais

O cobiçoso nunca vive no presente, vive sempre no futuro.

e mais que nunca será o suficiente para compensar o vazio interior.

Psicólogos acreditam que a cobiça tem origem na educação do asseio. A fixação nas fezes se estabelece, mais tarde, como fixação no dinheiro. Fala-se que se trata de fixação anal. O homem cobiçoso não é capaz de dar nada e quer guardar tudo para si. Não raro a cobiça decorre da baixa autoestima. Isso leva, então, à voracidade alimentar, ao apetite sexual insaciável e, por fim, à oneomania. Desse modo, a cobiça faz o homem incapaz de apreciar a comida, a sexualidade e também de ser grato pelo que possui. Quando um cobiçoso atravessa um *shopping center*, ele não é capaz de nada além de comprar o máximo possível, e isso vale para roupas tanto quanto para alimentos.

Ao comer, o cobiçoso já pensa no que ainda terá de comer em seguida. Ao comprar algo, imediatamente lhe ocorre uma outra coisa que ainda seria importante levar também.

O cobiçoso nunca está satisfeito. Ele tem um desejo insaciável de comer, beber, comprar e possuir cada vez mais. Sua propulsão interior: tão somente não perder nada. Certamente o sentimento de ser limitado nele se entranhou, de forma tão profunda, que não é capaz de se livrar dele mesmo ao consumir em demasia. O cobiçoso não vive no presente, vive sempre no futuro. Ao comer, já pensa no que ainda terá de comer em seguida. Ao comprar algo, imediatamente lhe ocorre uma outra coisa, que ainda seria importante levar também. Seu medo: Do contrário, não ter em casa o bastante como reserva. A avareza também faz parte da cobiça. O cobiçoso não consegue abrir mão de nada. Ele tem de ficar com tudo para si.

A Primeira Carta a Timóteo descreve duas consequências da cobiça: em primeiro lugar, a apostasia e, posteriormente, as provações da prisão e das torturas.

A primeira consequência, a apostasia, significa: Eu renuncio à firmeza da fé. Perco minha firmeza porque sou movido pela cobiça. Em tal insegurança, já não vivo fielmente, mas com imposturia. A palavra grega utilizada pela Primeira Carta a Timóteo se refere à loucura. A cobiça, portanto, leva ao delírio, ou seja, à perda patológica da realidade. A pessoa enlouquece quando se deixa guiar pela cobiça.

A segunda consequência: Pela minha cobiça, caio num inextricável emaranhado de dores. Em grego, o significado disso é: Eu me infrinjo com tantas dores. Em outras palavras: Eu prejudico a mim mesmo. Eu machuco a mim mesmo.

A cobiça, portanto, não é apenas um fardo, mas – assim vê o autor da Carta a Timóteo – uma doença. Na Idade Média procurava-se curar os cobiçosos e avarentos à medida que lhes advertiam sobre a própria morte: *Memento mori*, lembre-se que você vai morrer. Conforme o dito popular na cultura alemã, "a última camisa não tem bolsos".

A Carta a Timóteo propõe uma terapia diferente e positiva: Nós devemos nos empenhar para atingir determinadas virtudes: "a justiça, a piedade, a fé, o amor, a perseverança, a mansidão" (1Tm 6,11). Tais virtudes também possuem um efeito terapêutico, pois elas nos tornam capazes de nos livrarmos da tremenda loucura a que a cobiça nos levou. Amor e mansidão conferem outro sabor à nossa vida. Fé e perseverança nos dão estabilidade, firmeza, uma base sólida. E a piedade nos abre o coração para o bem maior, que não é possível comprar, mas que pode consumar nosso mais profundo anseio.

COMOÇÃO
Contato com as profundezas da alma

Quando um filme nos causa forte emoção, sentimos o que se entende por comoção. Somos tocados pela história, imagens, atmosfera. Algo nos "pegou", nos arrebatou. Não conseguimos desviar os olhos do que está sendo representado. Ou, então, ficamos comovidos com uma palavra que nos é dita por uma outra pessoa. Tal palavra não ouvimos só com os ouvidos, ela nos arrebata em nosso íntimo, ela toca diretamente o nosso coração. Nada podemos fazer contra isso. Uma canção ou um concerto penetra nosso coração e nos emociona. Isso não se trata de uma breve sensação de enternecimento. Comoção é um estado que se prolonga por bastante tempo. Nesse estado não conseguimos falar sobre coisas superficiais. Nós ficamos quietos, parados, absortos em nós mesmos. Experienciamos a nós mesmos de uma outra maneira. Entramos em

Nós estamos inteiramente conosco mesmos, inteiramente em equilíbrio. Uma grande calma nos sobrevém.

contato com as profundezas de nossa alma. E não queremos voltar tão depressa dessas profundezas para existir apenas na superfície.

Por vezes expressamos nossa comoção à medida que colocamos a mão sobre nosso coração. Mostramos, com esse gesto, onde alguma coisa nos toca: é o coração, o âmago de nossa pessoa, o órgão de nossos sentimentos mais profundos. Às vezes, precisamos chorar por estarmos tão comovidos. O sentimento quer ser expresso através das lágrimas, ele faz com que algo em nós venha a fluir. Quando choramos, o fazemos completamente. Não podemos fazer nada diferente disso. Nesse estado não queremos falar com ninguém. Queremos aproveitar as lágrimas de comoção, permitir-lhes seu fluxo. Isso nos ensina que podemos dar liberdade a nós mesmos. Não nos prendemos mais ao nosso ego. Fomos tocados no cerne de nossa pessoa.

Outras vezes, expressamos a comoção à medida que emudecemos e mergulhamos em nós mesmos. Assim, pretendemos investigar o que tanto nos comoveu. Percebemos que algo muito significativo nos tocou. E que algo grandioso se passou dentro de nós. Portanto, não podemos mudar tão facilmente para a ordem do dia. Trata-se de um silente investigar. Não precisamos, então, de nenhuma técnica de meditação. Aquilo que gostaríamos de alcançar, através da meditação, a comoção já fez com que chegasse até

Todas as turbulências interiores se aquietam, porque aquilo que nos comove é capaz de centrar-nos, de nos devolver ao nosso centro, onde somos nós mesmos.

nós. Nós estamos inteiramente conosco mesmos, inteiramente em equilíbrio. Uma grande calma nos sobrevém. Todas as turbulências interiores se aquietam, porque aquilo que nos comove é capaz de nos centrar, de nos devolver ao nosso centro, ao lugar onde somos nós mesmos.

COMPAIXÃO
Colocar-se no lugar do outro

Colocar-se no lugar do outro é uma importante capacidade humana e premissa para a compaixão. No Terceiro Reich a compaixão era desaconselhada. "Bendito seja o que endurece! Não gabo o país onde fluem manteiga e mel!"[2] era a formulação de uma ideologia que enfatizava a masculinidade. Tratava-se do distanciamento de seus próprios sentimentos e da disposição de se compadecer do sofrimento do outro.

Meus confrades da Abadia de Münsterschwarzach ofereceram resistência ao Terceiro Reich. Mas certamente não perceberam que eles mesmos acabaram assimilando alguns pensamentos propagados à época. Assim, após a guerra, valia também em nosso convento a frase: "Compaixão é fraqueza". Meu

---

2. Friedrich Nietzsche, in: *Assim falava Zaratustra*, ano 1883-1885. Uma frase instrumentalizada pela ideologia nazista [N.T.].

tio, Pe. Sturmius Grün[3], que honrava totalmente seu nome, pois sempre se rebelava tempestuosamente contra tudo que contradissesse o que pensava, fez uma impressionante pregação sobre a compaixão. Até hoje fala-se nela. Sua pregação teve, por efeito, que ninguém mais pronunciasse aquela frase. Meu tio descreveu a compaixão como sendo uma postura essencial do cristão.

A palavra alemã *Mitleid* (compaixão; *Mit* = com e *leid*, do verbo *Leiden* = sofrer, literalmente, *sofrer com*) é, em última análise, a tradução da palavra grega *Sympatheia* e do termo latino *compassio*. Ela expressa a capacidade de sentir *com* o outro, de sofrer *junto com* o outro. É a ideia da solidariedade para com o outro. Não significa, contudo, se desmanchar em compaixão. Pois assim não se pode ajudar o outro realmente. Durante uma consulta, dissera-me uma mulher cujo pai lhe causara grande sofrimento: "Não quero compaixão. Em minha infância, para mim, era horrível ter sempre de ouvir dos outros: *Pobre menina, o que fizeram contigo?* Eu não queria compaixão. Para mim isso era apenas um modo de reforçarem mais ainda o meu sofrimento". Levo muito a sério declarações assim. Essa mulher cer-

---

3. Aqui, o autor brinca com o nome – e também com o temperamento – de seu tio, que remete à tempestade, em alemão, *Sturm*. Portanto, *Sturmius* poderia ser traduzido como "o tempestuoso" [N.T.].

tamente experimentou a compaixão como desdém. Tal compaixão não revigorou suas forças, pelo contrário, diminuiu-as. A moça não queria que se lamentassem de sua situação por compaixão. Ela queria sair do ciclo vicioso do sofrimento. Para isso, precisava da solidariedade de pessoas que estivessem realmente dispostas a ajudá-la, a fortalecê-la. Porque só lamentavam a seu respeito, isso a deixava paralisada, minava suas forças. Ela queria encorajamento, não compaixão: Em alemão, *dauern* (durar, demorar), na verdade, significa causar pena, sofrimento. *Bedauern* (lamentar, lastimar) é, então, compreendido como causar um sofrimento incessante: Firo, permanentemente, aquele por quem lamento, em vez de erguê-lo e fortalecê-lo.

Quando a Bíblia menciona a compaixão de Jesus, ela usa a palavra *planchnizomai*. Quer dizer: compadecer-se nas vísceras. Para os gregos, as vísceras constituem o lugar dos sentimentos vulneráveis. Jesus tem compaixão dos leprosos (Mc 1,41). Ele se abre para o sofrimento do homem que não pode aceitar a si mesmo. Ele é vulnerável. Por isso, Ele sente a amargura que há nesse homem, o ressentimento que o corrói por dentro. Mas o próprio Jesus não é corroído por ele. Ele pode se dispensar a ter compaixão porque *é um com* Deus. E, ali, onde ele *é um com* Deus, o sofrimento do outro não tem entrada. Essa também é uma condição imprescindível para nossa compaixão: Devemos abrir nosso coração para o outro, sentir com ele, sofrer junto com ele. Mas é necessário que haja um lugar em nós que não se contamine pelo sofrimento do outro, um espaço ao qual podemos nos recolher, para, de lá, percebermos o sofrimento do outro. Somos solidários com quem sofre, mas não nos privamos de nossos limites; temos em nós um espaço que o sofrimento do outro não penetra. No Evangelho de São Lucas, Jesus nos exorta a sermos compreensivos (*oiktirmon*) e misericordiosos como o Pai. Quem é compreensivo aproxima-se mais de Deus, compreende como Deus é, se deixa guiar pelo espírito divino. Os budistas também conhecem essa compaixão

Devemos abrir nosso coração para o outro, sentir com ele, sofrer junto com ele.

e a propagam mundo afora: devemos nos compadecer com as pessoas, mas também com os bichos e as plantas, sim, com toda a natureza. Esta certamente é uma interpretação igualmente observada no cristianismo, mas que, muitas vezes, negligenciamos. Deus diz ao Profeta Jonas: "E eu, será que não vou ter pena de Nínive, esta cidade enorme, onde moram mais de cento e vinte mil pessoas, que não sabem distinguir a direita da esquerda, além de tantos animais?" (Jn 4,11). Deus tem compaixão das pessoas perdidas, que não têm um propósito na vida. Mas Ele também tem compaixão dos animais. Portanto, a compaixão a que Jesus nos exorta é, em si, compaixão por tudo o que existe. A palavra latina *compassio*, também assimilada pelo inglês – *compassion* – não se refere

É necessário que haja um lugar em nós que não se infecte pelo sofrimento do outro, um espaço ao qual podemos nos recolher para de lá percebermos o sofrimento do outro.

unicamente ao sofrimento passivo, mas também à *Passion*, à paixão. Quem se compadece, se engaja, apaixonadamente, em causa de seus semelhantes. Ele não fica passivo, mas se deixa encorajar pela sua paixão a prestar assistência às pessoas e a se empenhar pelo bem da criação. Do que Jesus se vale é descrito por São Lucas como postura essencial do cristão. O sacerdote e o levita passaram adiante sem compaixão, quando viram um homem que tinha caído nas mãos de assaltantes. Mas sobre o samaritano que viu e chegou perto dele, diz-se: "Ele teve compaixão = *esplanchnisthe*" (Lc 10,33). Assim essa passagem foi traduzida por São Jerônimo: *misericordia motus est* = Ele foi movido pela misericórdia, provocado". Misericórdia é um alargamento do coração. Eu me abro para quem está sofrendo. Para o samaritano, compaixão significa: enfrentar ativamente. São Lucas descreve sua conduta ativa: "Aproximou-se dele e fez curativos, derramando óleo e vinho nas feridas. Depois colocou o homem em seu próprio animal e o levou a uma pensão, onde cuidou dele" (Lc 10,34). O samaritano não se deixou paralisar pelo sentimento. Pelo contrário, o sentimento de compaixão o impeliu à ação. E trata-se de uma postura bastante ativa, que pode-se muito bem imaginar: Ele toma o homem machucado e quase morto por espancamento sobre o ombro e depois o coloca em seu próprio animal. Essa não é, portanto, uma compaixão desdenhosa, mas sim uma compaixão que restabelece, que leva o outro até onde ele verdadeiramente encontra ajuda. O samaritano cuida do homem ferido, mas ele não o carrega consigo por toda a sua vida. Apesar disso, ele encontra a oportunidade de também cuidar de seus próprios assuntos, de viver sua própria vida. Ele deixa o homem ferido aos cuidados do dono da pensão, ou seja, assume a responsabilidade por ele, mas ao mesmo tempo também a entrega em outras mãos.

Na história do samaritano está descrito o mistério da nossa compaixão. Ter compaixão (*Mitleid haben*) primordialmente significa: *sentir com* (*Mitfühlen*). Porém, isso não para no sentimento, e, sim, nos exorta a agir. Nós nos abrimos para o sofrimento do outro e pensamos sobre o que poderíamos fazer para diminuí-lo ou amenizá-lo. A reação é, inicialmente, compreender, ser empático, levar a sério. Não devo dar-lhe conselhos. Mas devo estabelecer um diálogo com ele, de modo que lhe seja possível expressar seu sofrimento. Isso já pode ser de grande ajuda para ele. Mas, então, posso perguntar-lhe o que, de fato, poderia ajudá-lo agora do que ele está precisando nesse momento de tanto sofrimento. Ele não é apenas um sofredor. Também guarda, em si, fontes a partir das quais pode renovar suas forças. Posso fazer com que ele se lembre de entrar em contato com elas. E, através de seu sofrimento e de sua dor, também posso convidá-lo a penetrar as profundezas da alma, o espaço de silêncio interior que não está contaminado pelo sofrimento, o refúgio da alma onde ele está protegido e acolhido. Posso demonstrar compaixão adequada a alguém, somente quando eu mesmo estou em contato com o espaço de silêncio interior, no fundo de meu coração, onde a dor não tem acesso. A esse respeito, o místico islamita Rumi diz o seguinte: "Se quer ser abraçado, abra os seus braços".

CONFIANÇA
Sólida base da alma

Todos nós partilhamos do mesmo desejo por confiança. Em ocasião de crise financeira, as pessoas se queixam da falta de confiança nos bancos. Num grupo – seja no conselho paroquial, no clube, na empresa ou na família –, quando a confiança é perdida, então, temos dificuldade de continuarmos nos engajando no que quer que seja. A desconfiança nos paralisa. E faz com que nos fechemos para nos protegermos dos outros. Nós maldizemos a confiança perdida e, na maioria das vezes, temos alguém em vista que é o culpado por isso. Porém, à medida que confiamos é possível reaver a confiança perdida. Confiando nos outros, também os encorajamos a confiarem em nós.

Porém, como podemos conseguir depositar confiança nas pessoas e, ao mesmo tempo, transmitir confiança a elas? Posso confiar nos outros somente se minha autoconfiança for saudável e se eu confiar em Deus. Autoconfiança, confiança nos outros e confiança em Deus caminham juntas. Elas se sustentam mutuamente. Ganho autoconfiança quando confio que sou inteiramente aceito por Deus. Isso me possibilita aceitar também a mim mesmo. E eu encontro autoconfiança, quando acredito que meu verdadeiro eu é uma imagem única que Deus fez de mim. Quando estou em contato com essa imagem interior de Deus, então, estou livre da necessidade de ter de me fazer benquisto por todos. Autoconfiança não significa que eu tenha coragem. Ela, aliás, consiste em liberdade interior. Por não ser dependente do que as pessoas acham de mim, também tenho autoconfiança, posso entrar num grupo, sem medo do que elas falarão a meu respeito. E também posso confiar num amigo ou numa amiga. Pois mesmo que a confiança seja quebrada, eu não vou desmoronar por dentro. Porque o alicerce sobre o qual me encontro – o próprio Deus – continuará sustentando o edifício da minha vida.

Confiar também demanda acreditar que há sempre algo de bom no próximo.

Muitos têm dificuldade de confiar nas pessoas porque alguma vez já tiveram sua confiança traída e se decepcionaram. Por exemplo, pela confidência feita a um amigo, que depois passou adiante, ou, então, pela amiga com quem se tinha aparentemente ótimo entrosamento e esperança de se seguir um mesmo caminho juntos, mas que de repente foi embora, por achar que não poderia dividir sua vida comigo, que nosso amor não seria suficiente para isso. Quem já passou por decepções desse tipo reluta em fazer amizades novamente. A dor foi tão grande que ele não gostaria de viver isso outra vez. Então ele se fecha, ainda que, no mais íntimo de si, ele anseie por uma amizade. Ele gostaria de confiar de novo, mas não consegue mais.

O que significa confiar? A palavra alemã *Vertrauen* (confiança) está relacionada a *treu* (fiel) e tem o sentido de "consolidar, firmar, fortalecer". Isso também alude à ideia de depositar confiança, adquirir confiança, ousar. Confiar é: ter firmeza, descansar em si mesmo. E isso significa ter uma relação viável com alguém. Àquele em quem confio sou fiel, o defendo e ao seu lado fico. A língua sozinha não nos ensina como podemos aprender a confiar. Ela apenas nos aponta a qualidade da confiança. Confiar tem a ver com solidez e fidelidade. Tenho firmeza. Acredito em mim. Eu me garanto. Desse modo, também sou capaz de acreditar nos outros, depositar confiança neles e ao mesmo tempo transmitir confiança. Tendo firmeza, possibilito que o amigo em quem confio também aprenda a ter e ganhe estabilidade.

Se somos capazes de confiar ou não, depende de nossas experiências na infância. A mãe tem o papel de transmitir à criança uma confiança primordial

(*Urvertrauen*). Ela dá ao filho a sensação de que é bem-vindo neste mundo. A criança se sente apoiada pela mãe e segura junto a ela. Ela se sente incondicionalmente aceita. Isso lhe confere confiança na vida. Ela também se sabe apoiada de todo modo. Ela não está sozinha. Em algum momento, a criança projeta em Deus a experiência da mãe protetora. Mesmo quando a mãe não está, a criança se sabe protegida por uma realidade maior, Deus, enfim.

O pai também transmite confiança ao filho. Mas essa confiança tem uma qualidade diferente. Trata-se da confiança enquanto ousadia, ganhar o mundo, arriscar algo, assumir as coisas, sair da casa dos pais e viver a própria vida. O pai encoraja a criança para que ela, saudavelmente, encontre força para assumir as rédeas da vida e lutar pelo seu lugar ao sol.

> *À medida que acredito nesse algo de bom no outro, crio a possibilidade para que o outro confie em mim.*

A criança precisa de ambos os tipos de confiança para aprender a viver. E também o adulto sempre recorrerá a essas duas formas de confiança. De vez em quando, ele sente vontade de se entregar, de ser carregado. Essa é, portanto, a confiança maternal. Ele a experimenta na natureza, quando se deita na campina e se deixa levar. E também a experimenta em Deus, que o envolve num colo maternal como em imagem da igreja românica. E toda pessoa também precisa recorrentemente da experiência da qualidade paternal da confiança, para mais uma vez apostar em recomeços na vida, para assumir responsabilidades consigo mesma e com os outros.

Independentemente do quanto o pai ou a mãe me tenham transmitido confiança, na qualidade de adulto sou inteiramente responsável pela *minha* confiança. Eu posso trabalhar a capacidade de confiar em mim mesmo e nos outros. As experiências da infância sempre entrarão em jogo nas minhas tentativas de confiar. Mas eu não sou determinado pelas experiências do passado. Eu posso aprender a ter mais autoconfiança à medida que me despeço de idealizações inatingíveis, como se eu sempre tivesse a obrigação de me mostrar seguro de mim. Eu me permito ser como sou, com meus pontos fortes e fracos. E posso aprender a ter confiança no outro à medida que lhe dou uma prova de confiança. Mas a prova deve ser comedida. Assim percebo, mais claramente, como ele reage à minha confiança, se ele a acolhe ou, então, se faz mau uso dela. A confiança cresce. A confiança que deposito numa pessoa alimenta minha capacidade de confiar nela e a de ela confiar em mim também. Confiar também demanda acreditar que há sempre algo de bom no próximo. Quando acredito nesse algo de bom no outro, crio a possibilidade para que o outro confie em mim.

Pode-se também aprender a confiar em Deus? Naturalmente que nossa confiança em Deus depende das experiências de nossa infância. Mas também não somos determinados por elas, nesse caso. Eu não posso simplesmente decidir que, a partir de hoje, eu gostaria de confiar em Deus. Mas eu posso tentar. Por exemplo, posso repetir para mim algumas passagens da Bíblia e verificar o que me causam, se eu realmente acredito nelas. Aí eu parto do pressuposto de que sim. Então, a confiança pode crescer. Posso repetir para mim o versículo do Sl 22: "Ainda que eu atravesse o vale escuro, nada temerei, pois estais comigo". Sozinhas, as palavras não fazem com que a confiança se manifeste. Mas se eu tento examinar minha experiência de angústia, à luz dessa passagem, e confrontar o medo pronunciando a mesma, então a confiança pode crescer. No fundo de minha alma já há confiança. Muitas vezes ela só está encoberta pelos meus medos. O versículo do salmo faz com que eu entre em contato com a confiança que já há em mim. E, através da palavra, a confiança se fortalece, enquanto também penetra a minha consciência. À medida que confio, minha confiança vai fortalecendo cada vez mais a minha autoconfiança, bem como a confiança nos outros e a confiança em Deus.

CONFUSÃO
Enredado em incertezas

Hoje em dia, quando falamos em confusão, imediatamente nos lembramos de pessoas idosas, que sofrem de demência senil e que não dão mais conta das exigências rotineiras de suas vidas. Entretanto, pessoas jovens também são afetadas por isso, todos nós sabemos o que é: Ficamos confusos quando, numa discussão, já não sabemos mais realmente do que se trata, quando não compreendemos mais os argumentos que enchem nossos ouvidos. Com frequência ficamos totalmente confusos quando, de repente, despertamos do sono e não sabemos mais exatamente onde estamos ou que dia da semana é. Uma desorientação como tal ocorre, talvez, quando dormimos numa cama que não é a nossa, seja num hotel na ocasião de uma viagem, seja durante uma visita à casa de parentes. No primeiro momento, geralmente não sabemos onde estamos. Precisamos, então, ponderar vagarosamente: Eu estou agora em tal cidade, em tal hotel. E hoje é tal dia, com tal compromisso.

Dizemos o mesmo a respeito de alguém que fale coisas desconexas. Também, nesse caso, não nos referimos a um idoso com demência senil, mas a alguém que é totalmente senhor de suas faculdades mentais, mas faz muita confusão em suas argumentações. Nós não conseguimos reconhecer a linha de raciocínio que guia seu relato ou seu argumento. Aquilo que o outro nos diz nos parece incoerente, impreciso, intrincado. E, às vezes, dizemos também a nosso próprio respeito: Estou atrapalhado. Com isso queremos dizer: Encontro-me em desordem interior. Tanta coisa me passa pela cabeça, não me conheço mais. Não sei o que está acontecendo comigo.

Independente de onde comecemos, não iremos adiante, nós nos enredamos cada vez mais em incertezas e num caos emocional.

Muitas vezes são acontecimentos bastante específicos que nos confundem. Após uma experiência traumática, nos parece que estamos desamparados, sem chão debaixo dos pés. Quando perdemos um ente querido, com frequência experimentamos o luto como confusão interior. Numa situação assim, estamos à mercê do caos emocional. É quando tudo em nossa alma se desarranja. Não temos mais amparo. Não sabemos mais se sentimos dor, raiva ou solidão. Não conseguimos mais identificar os sentimentos. Eles nos inundam. Eles nos confundem de tal maneira que não somos mais capazes de pensar com clareza.

Outras vezes relacionamos confusão à ideia de lugar. Quando nos perdemos numa cidade, quando não sabemos mais onde nos encontramos, ficamos confusos. Por certo essa pode ser uma boa imagem para a confusão enquanto estado emocional. Nós não temos um lugar definido, nenhum alicerce sobre o qual ficar. Não sabemos o que devemos dizer, como podemos explicar o estado em que estamos. Tudo é apenas confuso, obscuro, vago. E não sabemos em que ponto devemos começar a desembaraçar o emaranhado interior. Temos a seguinte impressão: Independentemente de onde comecemos, não iremos adiante; nós nos enredamos, cada vez mais, em incertezas e num caos emocional.

A questão é como devemos lidar com essa situação. *O primeiro passo seria*: simplesmente deixar quieto. A confusão é como a água agitada. Primeiro, é preciso que ela se acalme para que possamos enxergar o fundo. Sendo assim, precisamos, antes de tudo, ficar parados, para que as turbulências de nossa alma parem também. Ficar parado significa: ficar quieto (em alemão, *still werden*). Pois *Still* vem de *stellen, stehen bleiben* (colocar, parar). Quando fico quieto, a confusão pode se dissipar. Pois eu não fico cismando os diversos pensamentos ou sentimentos que ficam rodando na minha cabeça. Eu simplesmente fico parado, para que os sentimentos se apaziguem e algo se organize no caos.

O segundo passo seria, na confusão, filtrar todo fiapo de pensamento e de sentimento e examinar cada um separadamente. O que quer me dizer esse ou aquele sentimento ou pensamento? Por que ele brota em mim? Que anseio há por trás? Quando paro num determinado pensamento e o examino mais detidamente, às vezes os pensamentos que o circundam também são esclarecidos. Os monges primitivos descreveram o sentimento na seguinte imagem: É como se fôssemos atacados por um enxame de moscas. Os monges, portanto, também têm um conselho para uma situação como essa: Devemos pegar as moscas, uma por uma, e nos confrontarmos com cada uma delas. Quando fazemos isso numa situação de confusão, então, lentamente nossos pensamentos e nossa mente vão voltando ao normal.

> *A confusão é como a água agitada. Primeiro é preciso que ela se acalme para que possamos enxergar o fundo.*

DECEPÇÃO
Arrancado da ilusão

Decepção – as consequências disso são drásticas. É um sentimento que muito se aprofunda e deixa feridas perenes. Ele é capaz de, renovadamente, desencadear emoções muito fortes, algo assim como raiva ou desespero. Como devemos lidar com isso?

Em língua alemã, para designar "decepção", temos a palavra *entäuschen* (*ent* = "retirar, separar"; *täuschen*, iludir), originalmente, "retirar de uma ilusão (*Täuschung*)" e que, em 1800, foi formada como termo substituto para duas palavras francesas: *desabuser* (abrir os olhos de alguém, tirar-lhe a ilusão, desiludir) e *detromper* (esclarecer alguém a respeito de um engano; desenganar). Muitas vezes nós nos iludimos devido às expectativas em relação a uma determinada pessoa. Dói demais a decepção com uma pessoa a quem demos muito de nós e nela tanto confiamos, de quem esperávamos que ficasse do nosso lado e a nós se mostrasse grata. É doloroso termos de nos despedir da imagem que criamos do outro.

Estávamos certos de que nossa ideia correspondia à natureza do outro. Mas a decepção também é uma oportunidade: somos arrancados de uma ilusão, nossos olhos serão abertos para que possamos encarar a verdade e enxerguemos claramente o engano. A experiência nos ensina que é melhor avaliarmos bem, para que não façamos julgamento errado acerca de uma pessoa ou situação.

Nós nos decepcionamos com pessoas. Depositamos nossa confiança nelas. E, aí, elas se comportam de modo totalmente adverso. Elas agem contra nós. Elas nos magoam. Elas não correspondem às nossas expectativas. A decepção é o convite a enxergar o outro de forma realista. Não devemos inverter nossa superestima e passar a subestimá-lo ou, até mesmo, a rejeitá-lo. Nós devemos aprender a enxergá-lo de forma realista, sem julgamento. Isso não é tão simples. Decepção está sempre relacionada a dor e, muito frequentemente, à raiva também. Essa raiva é capaz de nos cegar de tal maneira que, a partir de um dado momento, passamos a ver o outro como monstro e nele projetamos tudo de negativo. Assim, novamente nos iludimos em relação a ele. Aqui se trata, então, de abandonar as ilusões e encarar a verdade.

Também ficamos decepcionados quando nos preparamos para uma prova e não passamos ou, então, não nos saímos tão bem nela como havíamos pensado. Aí ficamos decepcionados com nós mesmos. Nós nos preparamos para fazer a prova. Mas não conseguimos transmitir nosso conhecimento adequadamente. Se o problema foi nosso ou do avaliador – de todo modo, alguma coisa não aconteceu do jeito que tanto queríamos. Muitas vezes também ficamos decepcionados com nós mesmos, quando cometemos um erro, quando algo não dá certo em nosso caminho interior. Também, aqui, se trata de nos despedirmos de nossas idealizações acerca de nós mesmos, nos enxergarmos de forma mais realista e nos aceitarmos. Mas também não devemos agora falar mal de nós mesmos nem nos diminuir. Somos o que somos. É preciso humildade, para nos aceitarmos do jeito que somos, com nossos pontos fortes e fracos.

Há sempre o perigo de nos fixarmos na decepção, de ficarmos nos lamentando de que tudo deu errado, de que essa pessoa nos decepcionou tanto, de que cometemos esse erro, de que temos essa fraqueza. E prejudicamos a nós mesmos, então. O modo correto de se lidar com isso seria: Reconciliar-se com a decepção e reconhecer nisso a oportunidade de se confrontar com a verdade em si, com a própria verdade e com a verdade da pessoa que nos decepcionou. A decepção tem o intento de nos abrir os olhos para que possamos avaliar a nós mesmos, o outro e a situação de modo mais realista, a lidar com essas coisas desse mesmo modo.

Em meu trabalho como administrador da Abadia, nesses últimos trinta e cinco anos, eu mesmo vivenciei algumas decepções. Ajudei pessoas e, mesmo assim, por vezes, não ouvi agradecimento algum; pelo contrário, só colhi críticas e, por isso, experimentei uma tomada de consciência acima do normal. Percebi que desafio espiritual é, para mim, não me tornar duro e amargo por causa da decepção. Quer dizer, a decepção faz com que eu pergunte a mim mesmo o que quero de minha vida. Reconhecimento e afirmação? Ou quero – ainda que não seja percebido no exterior – permanecer fiel à minha essência e, apesar de toda decepção, criar em torno de mim uma atmosfera de confiança e serenidade? A decepção me liberta de meu esforço de transmitir confiança, de todas as tendências egocêntricas. Trata-se, aqui, de ser leal à minha essência e aos meus ideais, sem contar com reconhecimento alheio. Assim, a decepção me liberta de todo o egoísmo, de modo que eu fique cada vez mais aberto ao Espírito de Jesus Cristo. Porém, também posso criar um ideal dessa *abertura*. Em

> *A experiência nos ensina que é melhor avaliarmos bem, para que não façamos julgamento errado acerca de uma pessoa ou situação.*

meu caminho até lá experimentarei muitas coisas, em meu íntimo, que apresentar-se-ão em oposição à abertura. Vale, portanto, aceitar isso humildemente. Trata-se, então, de me tornar aberto para Cristo, ciente de meus pontos fortes e fracos.

DESESPERO
Aquém da serenidade

Desespero – assim dizem os filósofos – é a reação afetiva à falta de alternativa que experimentamos. O filósofo alemão Josef Pieper chama o desespero de "antecipação da não realização". É quando eu desisto de mim mesmo. Não acredito mais em realizações. Nada faz sentido, não há remédio. Não vejo sentido em minha vida. E não tenho esperanças de que ela, um dia, possa vir a melhorar. Desespero sempre é desesperança. Isso se exprime também pela palavra latina *desperatio* – a falta de esperança. A atmosfera desesperançosa envolve a pessoa como um todo. Para ela, não há solução para nada. Tudo é sombrio. Não há esperança de que haja algum sentido ou melhoria no que quer que seja. A pessoa se sente numa situação desesperadora, quando simplesmente não enxerga mais saída, quando todos os esforços parecem ser inúteis. Ela não sabe por onde deveria começar para que algo se modificasse. O desespero se expressa através de um grande abatimento. A sensação é de paralisia. E, às vezes, o desespero também se assemelha à depressão. Passa-se a ver tudo, através da lente obscurecida do desespero, que não avista mais esperança em lugar algum. Desespero é a opressiva sensação de impasse e resignação. Não há sentido em nada. Não há motivo para nada. Não há esperança. Não há uma vida plena de propósito.

Sören Kierkegaard, o filósofo de religião dinamarquês, escreveu sobre o desespero e, ao mesmo tempo, observou sobretudo o desespero em si mesmo. Ele o denomina "doença até à morte". Para ele, o desespero é "o erro absoluto", pois ele destrói a relação do homem com Deus e consigo mesmo.

Quando admito meu desespero, ao mesmo tempo que o uno à minha saudade, essa tensão pode me levar ao Deus inconcebível. A teologia estabelece a diferença entre o *desespero-fraqueza*, expresso na incapacidade de aceitar a si mesmo e de confiar na vida, e o *desespero-desafio*, na medida em que, não querendo ser quem verdadeiramente sou, demonstro ostensivamente meu pseudo-heroísmo: Porque duvido de Deus, coloco-me no lugar dele, ajo como se tivesse tudo sob controle, porém, esse desespero me leva à ruína, porque em algum momento acabo encontrando as minhas limitações humanas.

O desespero é o sentimento de ausência de perspectivas e de desesperança. E onde não há esperança, há morte, assombro, desalento. Eu me desespero comigo mesmo. Penso que nunca na vida conseguirei melhorar, que jamais terei em minhas mãos as rédeas de minha própria vida. No início esse desespero ainda se manifesta através das lágrimas. Mas, em algum momento,

Em meu desespero posso apenas supor o Deus inconcebível como realização de meu mais profundo anseio.

ele interrompe o fluxo de lágrimas. Resta apenas o vão desespero: Toda a esperança que eu ainda tinha nas coisas se desfez em pedaços.

Friedrich Nietzsche aprofundou-se no sentimento de desespero. Ele acredita que o desespero consigo mesmo ou com a vida pode muitas vezes se tornar justamente o trampolim necessário para se ter uma experiência profunda. E essa profunda experiência ele chama de mística. A ela é atribuída a frase: "Onde a saudade e o desespero se acasalam, há mística".

Quando não fico paralisado no desespero nem o omito, mas o admito, e ao mesmo tempo uno a ele a minha saudade, então justamente a tensão entre saudade e desespero me leva a Deus, não ao Deus que eu gostaria de ser, mas ao inconcebível Deus que eu, em meio ao meu desespero, posso supor como realização de meu mais profundo anseio.

ESPANTO
Princípio da sabedoria

Em língua alemã, o verbo *staunen* (espantar-se; admirar-se) origina-se de *stauen* (estagnar, paralisar-se). Quando estou diante de um fascinante pôr do sol, algo em mim fica paralisado – e eu permaneço imóvel. As impressões externas penetram meu íntimo. Fico admirado com o milagre (em alemão, *Das Wunder*) que posso testemunhar. A palavra grega para "espanto" é *thaumazein* que, em alemão, pode ser traduzida por *sich wundern* (admirar-se; maravilhar-se). *Staunen* tem a ver com o milagre que me comove. O milagre me leva ao espanto.

Conforme os antigos filósofos, o espanto é o princípio de toda filosofia. Eu simplesmente me detenho diante do que vejo e procuro desvendar o mistério. Eu me espanto com o que experimento e desejo compreender seu sentido com mais profundidade. Preciso entender aquilo que admiro. É assim que se começa a filosofar. *Staunen* também significa: gelar-se de horror, tremer. O que me fascina, ao mesmo tempo, me assusta. Isso me arrepia. Eu me deixo tomar pelo que me arrebata vindo do mundo exterior.

A Bíblia conhece esse espanto fascinado diante da glória de Deus, da beleza do templo. Desse modo, ele também é o princípio da verdadeira teologia. Pois a teologia não pretende nada além de transformar em palavras e explicar a experiência de Deus vinculada a esse espanto fascinado.

Espantar-se é uma emoção elevada, uma emoção que me amplia internamente. Ela se expressa fisicamente à medida que eu, literalmente, fico boquiaberto: nada consigo dizer, estou simplesmente abalado. Mas o espanto também pode levar ao estarrecimento.

Ao nos espantarmos, empenhamos inteiramente nossos sentidos, ao olhar e ao ouvir.

Todos os sentidos em mim se fixam àquilo que experimento. Eu mesmo fico imóvel. Mas essa rigidez aparente nada tem a ver com apatia; pelo contrário, ela é expressão de altíssima tensão e vivacidade.

Crianças conseguem se espantar ainda mais. Elas ficam admiradas diante do brilho das luzes de uma árvore de Natal ornamentada, boquiabertas e com olhos arregalados. Sim, elas são extremamente observadoras. Como adultos, quase invejamos essa capacidade de se admirar que as crianças possuem. Pois a maioria de nós já desaprendeu isso. Estamos

À proporção que olhamos, queremos olhar mais profundamente ainda, desejamos penetrar o âmago de toda e qualquer existência.

calejados e nada mais pode nos causar espanto. Mas a vida fica empobrecida para aquele que não consegue mais se admirar. Ela não guarda mais em si nenhum ponto alto emocional de verdade. O espanto é a emoção que nos toca até o fundo da alma e nos vincula completamente a esse momento. Ao nos espantarmos, empenhamos inteiramente nossos sentidos ao olhar e ao ouvir. E, à proporção que olhamos, queremos olhar, mais profundamente ainda, desejamos penetrar o âmago de toda e qualquer existência.

ESPERANÇA
Fôlego da alma

A esperança é uma emoção vital para todos os seres humanos. Diz o ditado: "A esperança é a última que morre". Isso também tem o seguinte significado: Sem esperança, só há fenecimento e torpor. O verbo alemão *hoffen* (esperar; ter esperança) deriva de *hüpfen* (saltitar) que, no sentido original da palavra, significa pular de excitação, na expectativa de algo bom. A língua alemã vincula esperança com vivacidade e com a esperança por algo que nos faz bem e que tornará nossa vida melhor. Latinos associam a esperança à respiração. Eles dizem: "*Dum spiro spero* = enquanto respirar, terei esperanças". A respiração me mantém vivo. Ela permite que forças renovadas, vitalidade e esperança fluam continuamente em meu corpo. Poder-se-ia dizer que: A esperança é tão importante quanto o ar que se respira. Sem esperança não podemos viver. Esperança é diferente de expectativa. Expectativas podem ser decepcionantes. Mas ter esperança – como diz o filósofo francês Gabriel Marcel – significa sempre:

Tenho esperanças *por* você e *para* você. Esperança é sempre algo pessoal. Eu não desisto de uma pessoa. Eu tenho esperanças por algo que ainda não vejo. Eu confio que o bem que há nela se desenvolverá. Mas a esperança também é direcionada a mim mesmo. Ela é sempre a esperança de que tudo vai melhorar, de que haverá um futuro bom para mim. Essa esperança é a condição para que eu não desista de mim, mas lute, mesmo que, no momento, não esteja bem. Otto Bollnow fala na esperança absoluta, que já não se trata de um *esperar que...* mas, sim, de não ter nada de concreto diante dos olhos. Entretanto, apesar de toda a aparente falta de perspectiva, algumas pessoas sentem essa esperança absoluta, que sempre é informe. Verena Kast a descreve assim: Essa absoluta e informe esperança "não tem mais nada a ver com uma determinada ideia quanto ao futuro, mas apenas com o sentimento de que, apesar dos pesares, a vida continua e que tudo dará certo. Essa esperança nos revela um tipo de proteção diferente" (KAST. *Freude*, 180).

> *A esperança acredita que, apesar de todas as dificuldades, a vida pode ser enfrentada e otimizada.*

O poeta italiano Dante Alighieri (1265-1321) escreve sobre o portal do inferno: "Deixai, ó vós que entrais, toda a esperança!" A esperança é a emoção que não só é a expressão da vontade de viver de um indivíduo e de sua energia, como também é o laço profundo que une todos nós. Sem esperança ficaremos isolados, como na ideia que os poetas fizeram do inferno.

A esperança é a força que anima toda e qualquer comunidade.

A esperança também está sempre relacionada ao outro. Ela é sempre "esperança para", e não só para mim, mas para todas as pessoas ao meu redor. Ela é, portanto, a condição para uma comunidade viva. Sem esperança não se pode ser pai ou mãe; sem esperança não se pode dirigir uma empresa ou atuar como político. A esperança está relacionada sempre a um futuro melhor para nós mesmos. O filósofo Ernst Bloch fala a respeito da esperança por possibilidades que ainda não existem. Compreendida dessa maneira, a esperança é a descoberta do "ainda não consciente". Ela faz com que uma comunidade progrida. Ela não se dá por satisfeita com o habitual e acredita que, apesar de todas as dificuldades, a vida pode ser enfrentada e otimizada. E, assim, a esperança se transforma na força que anima e possibilita um futuro melhor para toda e qualquer comunidade.

FELICIDADE
Simplesmente viver a vida

Todo ser humano quer ser feliz: O anseio por ser feliz já fora formulado por Platão quatrocentos anos antes de Cristo. Desde então, inúmeros filósofos, teólogos e poetas rememoraram esse princípio. É preciso que façamos a diferença entre felicidade enquanto estado e o sentimento de ser feliz.

O sentimento de ser feliz se parece com o sentimento de alegria. Mesmo assim, felicidade é ainda uma outra coisa. Alguns dizem: "Eu me sinto completamente feliz". Nesta formulação ocultam-se diversos sentimentos e disposições. Encontra-se, aqui, um indivíduo grato e satisfeito, porque seus mais profundos desejos cumpriram-se na vida. Outro está feliz porque vive agora uma profunda experiência de amor; ele ama sua mulher e é amado por ela. Ainda um outro sente felicidade por testemunhar um grande espetáculo da natureza. E também aquele que tem a oportunidade de assistir a uma ópera grandiosa se sente feliz, porque algo o toca e é maior do que ele mesmo.

Muitas pessoas acreditam que poderiam adquirir sentimentos de felicidade. Elas reservam um final de semana num SPA e esperam sentir-se felizes devido a isso. Mas não se pode comprar felicidade. Do mesmo modo que ganhar muito dinheiro também não é o que faz alguém feliz. Felicidade – como dizem os filósofos – significa: estar em sintonia consigo mesmo, estar em consonância com a própria vida. Em outras palavras, a felicidade que sinto advém do que vivencio a cada dia. É necessário, portanto, uma postura interna para se poder sentir felicidade. E o que é vital é a capacidade de desfrutar do que vivencio aqui e agora. Quem insiste em perseguir a felicidade não atingirá seu objetivo. A busca obstinada pela felicidade não leva a nada.

É vital a capacidade de desfrutar do que vivencio aqui e agora.

Jesus mostra, nas bem-aventuranças do Sermão das Montanhas, condições essenciais para que o homem possa sentir felicidade. Em primeiro lugar, a liberdade interior face às posses, o desapego, como dizem os budistas. Desse modo, a misericórdia é o que lhe pertence e também ao próximo. Quem é duro demais consigo mesmo jamais será feliz. E do empenho para se atingir as virtudes também faz parte, sobretudo, a justiça. Somente quando for justo comigo e com as pessoas ao meu redor poderei sentir felicidade. Nas oito bem-aventuranças Jesus não nos promete um mundo perfeito, mas um caminho para a felicidade em meio à realidade desse mundo, mesmo com as contestações e rejeições dos outros. A arte está em ser feliz até quando sou insultado. Trata-se, aqui, de uma felicidade interior que ninguém pode me tirar. Para Jesus essa felicidade está no fato de que o Reino de Deus é dentro de nós. Lá, onde Deus nos comanda, estamos livres do poder das outras pessoas. Ali, também estamos em contato com nosso eu verdadeiro, com a imagem original segundo a qual Deus nos criou. E quando estamos em contato com essa autêntica imagem de Deus em nós, então somos felizes; estamos, portanto, em sintonia com nós mesmos. A partir daí, não nos submetemos à pressão de ter de sentir felicidade. Simplesmente somos inteiramente nós mesmos. *Simplesmente ser* – assim poderíamos falar filosoficamente – significa felicidade. Esse *simplesmente ser* quer dizer: Não preciso me autoafirmar, não preciso obter reconhecimento, também não tenho de sen-

Não preciso me autoafirmar, não preciso obter reconhecimento, também não tenho de sentir felicidade. Quando simplesmente sou, também sou feliz.

tir felicidade. Quando *simplesmente sou*, também sou feliz. Pois todo aquele que existe, que está em sintonia com o *ser*, é feliz. Teologicamente falando: Sinto felicidade se vivo em sintonia com o que me foi dado por Deus.

FICAR OFENDIDO
Ferido em minha dignidade

Quando falamos em ofensa frequentemente vinculamos isso a uma acusação ao outro: "Você me ofendeu. Você desprezou minha dignidade. Suas palavras são uma ofensa a mim como homem, como mulher, como estrangeira". Mas, às vezes, aqueles que nos ofenderam também nos acusam de bancar o ofendido. Eles acham que reagimos, de forma exagerada, quando nos sentimos ofendidos. Absolutamente, não foi isso que quiseram dizer. Eles não teriam nos ofendido realmente, nós só estaríamos reagindo como ofendidos porque não fôramos levados em consideração como imaginávamos que seríamos.

Ofender significa causar sofrimento, afrontar, ferir alguém. Quando alguém me ofende, ele despreza a minha dignidade como ser humano. Esse alguém me ridiculariza, me diz palavras de desprezo, me desvaloriza. Isso desencadeia em mim um sentimento negativo: sinto-me melindrado, menosprezado e me retraio. Não consigo mais falar com aquele que me ofendeu. Protejo-me contra ele, pois poderia continuar a me ofender. Ficar ofendido é uma dor profunda. Eu não fui notado, mas simplesmente jogado de lado. Minha dignidade como pessoa me foi tomada.

O quão forte pode ser o sentimento de ficar ofendido e a que reações drásticas ele pode levar mostrou a cabeçada que o jogador da seleção francesa, Zidane, deu no adversário italiano, na final da Copa do Mundo, porque lhe provocara com palavras ofensivas. Com essa reação, ele quis defender sua dignidade e sua honra.

Que esse não era o melhor caminho, ficou claro, não só para o juiz, como também para todos os outros jogadores e espectadores. Mas o exemplo mostra como é profunda a conturbação que o sentimento de se saber ofendido nos causa e o que ele é capaz de desencadear em nós.

Sentir-se ofendido é uma dor profunda.

Às vezes nos sentimos ofendidos apesar de ninguém nos ter causado sofrimento algum; por exemplo, quando não somos muito notados, quando preferem outros a nós, ou quando não recebemos a atenção que esperávamos. Para corroborar as reações dos que não se sentem notados o bastante, dispomos de diversos ditos populares em língua alemã: *Er spielt den Beleidigten* (Ele se faz de ofendido); *Er führt sich auf wie eine beleidigte Leberwurst* (Ele banca o pobrezinho rejeitado); *Sie "schmollt"* (Ela faz biquinho).

Com a reação de ficar ofendido, punimos as pessoas que não nos levam em devida conta conforme esperávamos que levassem. Quando reagimos dessa maneira, nossa comunicação sofre também; não podemos mais nos falar, nos acusamos mutuamente de ferirmos um ao outro. Um nos feriu porque nos ofendeu, ao passo que a outra parte se sente ferida porque acredita que nossa reação de nos sentirmos ofendidos seria exagerada e ela não poderia mais falar conosco de modo razoável.

> *Com a reação de se sentir ofendido, punimos as pessoas que não nos levam em devida conta conforme esperávamos que levassem.*

Por isso, em primeiro lugar, seria importante nos dedicarmos à tomada de um distanciamento interno dessa situação e do sentimento de ficar ofendido, a fim de observarmos, cruamente, o que está se passando no momento. Dessa distância, sim, podemos entender melhor o que o outro quis dizer com suas palavras e por que elas nos afrontaram tanto. Não temos, então, de nos desculpar por nos sentirmos ofendidos. É nossa reação. E o outro deve respeitar e compreender essa reação. Assim sendo, podemos lidar uns com os outros de forma mais atenciosa.

HILARIDADE
Alegre e leve

Para os monges primitivos, a hilaridade (em língua alemã, *Heiterkeit*) era um sinal de verdadeira espiritualidade. Para eles, a meta do caminho espiritual era a *hilaritas*, ou

Uma pessoa alegre emana esperança e confiança.

seja, a alegria súbita e inesperada. Os budistas, aliás, também estabeleceram que o contentamento jubiloso com as coisas é uma meta espiritual, e até mesmo um sinal de iluminação. A palavra alemã *heiter*, originalmente, tem a conotação de brilhante, luminoso, claro, límpido e desanuviado. A descrição desse sentimento deu-se a partir da observação do céu. Quando o céu está desanuviado, quando o tempo está bom, não é só o sol exterior que brilha, há também repercussões disso no nosso humor. Respondemos ao bom tempo com uma disposição de ânimo igualmente boa. Nós nos sentimos tão limpos, mansos e iluminados como o céu claro e sem nuvens. Notamos que uma alegria interna e leveza nos tomam. Nuvem alguma é capaz de escurecer o céu da alma daquele que conseguiu atingir esse contentamento interior. Esse límpido céu permite, no máximo, a presença de pequeninas nuvens claras. No contentamento, não passamos por cima do sofrimento das pessoas. Quando ouvimos, com bom estado de ânimo, aquele que foi atingido por um grande infortúnio, o brilho da nossa alma também traz luz para a escuridão de quem está sofrendo tanto. Podemos até deixar que as nuvens pesadas do sofrimento cheguem ao céu da nossa alma. Mas o contentamento interior é capaz de transformar nuvens escuras em claras.

À hilaridade não vinculamos o riso forte e ruidoso, mas uma alegria serena, que é agradável para todos. As pessoas se sentem bem ao lado de alguém hilariante; dele emana algo como esperança e confiança, leveza e alegria. Nosso coração fica mais leve quando conversamos com alguém que transmite isso.

Nosso coração fica mais leve quando conversamos com alguém que transmite alegria.

Quando descrevemos o ânimo jubiloso usando uma comparação meteorológica, ou seja, nossa observação do tempo e grau de nebulosidade no céu, tudo fica claro. Os monges primitivos também pensaram no céu ao fazerem a descrição dos estados de alma; entretanto, não no céu da Terra. Eles acreditavam que o homem, então, ficava sereno, do momento que se deixava iluminar pelo divino firmamento. Segundo a palavra do místico silesiano e poeta Angelus Silesius, o céu é em nós; quando o céu é em nós, nosso ânimo se torna claro e sereno. Com isso, a força da gravidade não nos puxa para baixo, as nuvens do sofrimento não encobrem nossa alma. Pois nossa alma irradia a serena luz de Deus, que é louvada num hino, que nós, monges, cantamos nas Vésperas:

> Luz jubilosa da santa glória
> do imortal Pai Celeste, Santo,
> Bem-aventurado, Jesus Cristo.
>
> Chegados ao pôr do sol,
> contemplando a luz vespertina,
> nós louvamos o Pai e o Filho
> e o Espírito Santo de Deus.
>
> Tu és digno em todo tempo
> de ser louvado por vozes puras,
> ó Filho de Deus, Doador da Vida,
> todo o universo te glorifica![4]

---

4. "Luz Jubilosa" (*Phos hilaron*), versão do texto original em grego. Hino antiquíssimo, cuja origem é atribuída por muitos estudiosos ao século I d.C. [N.T.].

Aqui, o próprio Jesus Cristo é chamado de luz jubilosa. Quando Ele brilha em nós, tudo se regozija em nosso interior. A luz jubilosa de Jesus Cristo nenhuma nuvem densa pode levar para longe de nós. Pois essa luz superou a escuridão da morte.

HOSTILIDADE
Desafiado pela sombra

A palavra alemã *Feind* (inimigo) origina-se do verbo *hassen* (odiar). O inimigo é aquele que odeia e, ao mesmo tempo, que é odiado também. Porque ele me odeia, eu o odeio. A palavra *Feindseligkeit* (*Feind* = inimigo + *Seligkeit* = bem-aventurança) parece significar que quem odeia se sente feliz, bem-aventurado seu ódio. Porém, não é essa a ideia do significado original da palavra. *Selig* é, antes de tudo, uma derivação do sufixo *sal*. Quem tem uma tristeza profunda (Trüb*sal*), é melancólico (Trüb*selig*); sobre quem pesa a labuta (Müh*sal*), diz-se que é fatigado (Müh*selig*). A hostilidade é, portanto, principalmente um estado de ódio e de inimizade. Eu me mostro descortês ao encontro de qualquer pessoa. Ódio é o sentimento básico com o qual percebo todas as pessoas ao meu redor. Hostilidade é uma sensação que toma toda a existência de alguém. Entretanto, há também a hostilidade somente em relação a uma determinada pessoa. Fora isso, talvez eu seja bondoso e alegre. Mas, em relação a certas pessoas, percebo que sinto uma profunda hostilidade.

A questão é como devo lidar com a hostilidade. Se percebo em mim uma hostilidade generalizada – em relação a tudo e todos – então devo me perguntar: O que espero da vida? A hostilidade é simplesmente uma rebelião contra a vida que levo, contra as pessoas culpadas pelo meu estado? Porventura tenho a impressão de que mereceria um outro tipo de vida? Sendo assim, a hostilidade seria um convite a dizer SIM para a vida e para mim mesmo, SIM para essa realidade de minha vida e me despedir das ilusões às quais me fixara.

A pessoa hostil prefere se entrincheirar em sua hostilidade, como que por detrás de um tanque de guerra, de onde ela atira nas pessoas.

Se sou hostil apenas em relação a determinadas pessoas, então – sem julgar isso imediatamente – devo simplesmente investigar: Por que essa pessoa é capaz de desencadear em mim o sentimento de hostilidade? Ela me faz lembrar o quê? O que há nessa pessoa que faz com que eu seja hostil? Então, provavelmente, poderei descobrir em mim mesmo alguns lados que o outro me faz lembrar. E, assim, minha tarefa seria, primeiramente, despir-me da hostilidade e, amavelmente, aceitar a mim mesmo do jeito que sou. Quando entro em sintonia comigo mesmo, esse sentimento de hostilidade em relação ao outro abranda. Então passo a olhar para ele de forma mais misericordiosa. O outro não é meu inimigo que odeio, ele apenas me lembra facetas em mim mesmo, que jamais aceitei. Então, ele passa a ser um desafio para mim, ou seja, aceitar-me com todos os meus lados sombrios.

Em economia fala-se bastante em *Feindseliger Übernahme* (aquisição hostil). É quando uma firma adquire a outra, mas não coopera com ela, não dialoga, tudo que quer é simplesmente mostrar seu poder, provar que pode comprar e assumir uma empresa inteira. Ela passa por cima do desejo da firma e de seus empregados.

> *Negação da comunicação é o decreto de falência de todo sentimento de humanidade.*

Ela não permite oportunidade de se negociar nada. A hostilidade é a recusa ao diálogo com os outros. Através de minha hostilidade faço com que os outros se transformem em inimigos. Assim, minha hostilidade me confirma que tenho razão, que não é possível conversar com os outros. Mas o motivo de todas as turbulências que surgiram é minha hostilidade e não a incapacidade dos outros de travarem diálogo comigo. A pessoa hostil não fala com o inimigo. Pois uma conversa real seria capaz de acabar com sua hostilidade.

Então, ela prefere se entrincheirar em sua hostilidade, como que por detrás de um tanque de guerra, de onde ela atira nas pessoas. Só que isso é o decreto de falência de todo sentimento de humanidade.

IMPOTÊNCIA
Aceitar limites

Muitas vezes nos sentimos impotentes, desamparados face o nosso vício e às emoções que nos assaltam. Sentimos como que, sem forças perante as outras pessoas, não conseguimos nos defender delas. Todos os truques psicológicos não nos ajudam. Basta nos depararmos com outras pessoas para que, imediatamente, nos sintamos impotentes.

A experiência da própria impotência é parte essencial da natureza humana. Sigmund Freud se dedicou profundamente aos estudos da experiência da impotência e desamparo infantil. A criança pequena experimenta a sua dependência da mãe e das coisas do mundo exterior. Isso lhe suscita o sentimento de desamparo. Após a fase de proteção junto à mãe, a experiência da criança é sentir-se impotente. O mito da queda dos anjos expressa esse sentimento precisamente: A criança se sente como se tivesse caído do céu. Agora ela passa a perceber sua impotência diante das pessoas, das coisas e dos próprios sentimentos. As crianças se sentem assim quando os pais brigam na frente delas. Elas podem se esforçar o quanto for para acabar com a briga que nada fará com que haja reversão da situação. Crianças se sentem impotentes quando apanham e nada podem fazer contra a violência dos adultos, além disso, por não terem a mínima chance, surge com frequência uma raiva ineficaz, que faz com que tenham de se fechar contra toda e qualquer dor, para que possam ao menos sobreviver. Quando uma criança é tratada injustamente, ela pode protestar contra isso, mas quase sempre o protesto não tem efeito. A criança fica à mercê da injustiça. Quando uma criança é rejeitada, apesar de todos os esforços para conquistar a afeição da mãe, vem à tona um profundo sentimento de impotência. Enquanto criança, não tínhamos qualquer chance, perante os adultos, de falar o que pensávamos e de impor nossas necessidades. Muitas vezes reaparece o sentimento de impotência quando, já adultos, encontramos alguém que nos lembre os pais ou professores enérgicos. O fator desencadeante é uma situação em que nos sentimos inferiores ou somos tratados injustamente.

Essa experiência infantil se mantém no adulto. Ele se sente impotente por se considerar incapaz de corresponder às exigências da vida. E também se sente impotente, diante das condições políticas e sociais, porque percebe que está condenado ao fracasso face à injustiça no mundo, ao terrorismo, à violência e à guerra.

A seguir, eu gostaria de descrever apenas algumas dessas condições emocionais e perguntar, depois, se há uma solução ou alguma possibilidade de se lidar, de modo positivo, com tais experiências.

Muitos concluem que se sentem impotentes diante de seus próprios erros e fraquezas. Apesar de todas as lutas e de todas as tentativas de trabalharem isso neles, acabam cometendo invariavelmente o mesmo erro de antes. Dizem: "Eu sempre prometo não falar dos outros. Mas todas as minhas promessas são malsucedidas". Eles prometem não mais se referirem negativamente a ninguém – mas toda hora se pegam fazendo a mesma coisa.

Na impotência está implícita a ideia de vulnerabilidade: Não adianta, nada posso mudar, não há nada a fazer.

Muitos sofrem porque seus esforços não dão frutos e eles continuam sendo os mesmos. Outros se sentem impotentes diante de seus medos. Eles leram livros de psicologia, fizeram terapia e discutiram seus medos. Apesar disso, se sentem desamparados assim que o medo aparece. Aí nenhum de seus conhecimentos adianta. Eles simplesmente são tomados pelo medo. Eles sabem que estão nas mãos de Deus. Mas, assim que entram num avião ou estão às vésperas de uma cirurgia, de nada adiantam as palavras devotas, a fé parece ser impotente diante do medo. Um medo irracional os espreita e assalta, como um animal traiçoeiro. A cabeça e o coração nada podem fazer contra isso.

Outros não conseguem controlar suas emoções. Gostariam de não ser ciumentos. Mas o ciúme simplesmente aparece, tão logo vejam a mulher conversando animadamente com outro homem ou um amigo passando mais tempo com outro. De nada adianta a mulher ou o amigo lhes assegurarem seu amor. O ciúme simplesmente retorna como um reflexo, assim que uma situação semelhante acontece. Outros, ainda, se sentem impotentes em relação às suas pulsões, como sua sexualidade ou sua compulsão por comida. Toda força de vontade não adianta nada, pois serão, invariavelmente, dominados pelas suas pulsões. Eles podem até tentar lutar contra seu problema com a comida, mas fracassam sempre. Isso gera um sentimento de impotência e resignação.

Pessoas com doenças mentais se sentem, com frequência, impotentes diante da sua enfermidade. Uma mulher é acometida do transtorno obsessivo-compulsivo de se lavar inúmeras vezes ao dia. Ela precisa tomar um banho, por exemplo, após cada vez que se senta numa cadeira estofada. Mas nem é preciso olhar para o doente. Todos nós conhecemos certas compulsões das quais não conseguimos nos defender. Enquanto um sofre a compulsão de, à noite, ter de ir verificar mais uma vez se a porta está fechada, outro precisa se certificar de que, em sua mesa de trabalho, tudo está no mesmo lugar. Nós sempre nos aborrecemos quando reagimos à crítica de modo sentimental. Mesmo assim, não podemos mudar nada. Da próxima vez que determinados problemas forem abordados nos sentiremos atingidos da mesma forma. Sempre que mexerem em nossas feridas, gritaremos de novo. Assim sendo, são diversas as circunstâncias psicológicas diante das quais nos vemos impotentes.

Nesse caso há também sentimento de impotência em relação às outras pessoas. Este também tem sua origem nas experiências infantis. Uma mulher

Devemos levar a sério o sentimento de impotência e nos reconciliar com ele.

não consegue se defender de sua mãe. Quando é criticada pela mãe ou atingida em seus pontos fracos, ela fica como que paralisada. Todas as conversas que teve com outras pessoas a esse respeito, nas quais desenvolveu estratégias para se afastar, não ajudam nesse momento. A mãe tem uma percepção fina de onde ela pode atingir a filha. Para dominá-la, basta jogar-lhe na cara que, assim, nunca encontrará um marido. E, desse domínio, a filha não consegue sair. Um outro caso é quando um homem se sente impotente diante de seu pai. O pai sabe tudo, é inteligente e desvaloriza qualquer coisa que o filho faça. O filho pode se esforçar ao máximo que não adiantará nada.

Ele não consegue corresponder às expectativas do pai. E, antes de tudo, ele não consegue se defender de suas provocações e julgamentos depreciativos. E outro, ainda, é o caso do indivíduo que não consegue se impor diante de seu chefe. Quando ele começa a gritar, o sujeito abaixa a cabeça e, com rancor, acaba fazendo o que o chefe quer. Por certo que ele sempre tem vontade de dizer que há limites, informar que responsabilidades pode tomar ou não. Mas ele sempre acaba cedendo quando seu superior levanta a voz.

Na impotência está implícita a ideia de vulnerabilidade: Não adianta, nada posso mudar, não há nada a fazer. Mas isso não é verdade. Devemos levar a sério o sentimento de impotência e nos reconciliar com ele. Não posso modificar meus sentimentos como gostaria. Não posso estabelecer relações com as pessoas do modo como gostaria. No entanto, a impotência é um convite a buscar outras alternativas, novas maneiras de lidar comigo mesmo e com os outros. Há uma regra geral, tanto na psicologia quanto na vida espiritual: "Eu só posso mudar aquilo que eu admiti". Muitas vezes não admitimos nossa impotência nem para nós mesmos, nem para os outros. Interiorizamos certas ideias tão fortemente que nos negamos a aceitar a realidade. Porém, quando aceito a mim, com todas as minhas emoções e formas de reagir a determinadas pessoas, posso aos poucos ir mudando algo nisso. Quem fica com raiva de si mesmo enfrenta mais dificuldades ainda para se modificar. Quem, contrariamente, se aceita, pode experimentar que progressivamente alguma coisa vai mudando em si. Não somos impotentes diante do mundo e de nós mesmos. Nós apenas precisamos reconhecer onde está nosso poder pessoal e onde temos simplesmente de aceitar que o mundo é como é.

INDIFERENÇA
Intocado pelo sentimento de humanidade

O escritor judeu Elie Wiesel, que sobreviveu ao campo de concentração, disse certa vez: "O contrário de amor não é o ódio, é a indiferença". A indiferença de seus carrascos, que não se deixavam tocar por nenhum sentimento de humanidade, era o que mais o assustava. Para ele, a indiferença era o ápice da desumanidade.

A palavra alemã *gleich* (igual), na verdade, origina-se da composição entre a partícula *ge* e a palavra *Leiche* (cadáver). A ideia é: o mesmo corpo ter a mesma forma, ser o mesmo cadáver. Originalmente, *indiferente* tem a conotação de *equivalente*. De forma gradual, vinculou-se "indiscriminado, insignificante e desinteressado" a essa palavra. Para quem tudo é indiferente, não há qualquer sentimento por nada. Não se trata de que o indivíduo apenas não tenha preferências, mas, sim, de que ele seja absolutamente incapaz de sentir afeição por alguma coisa. Ele é insensível, enfim. Nada o interessa, ele não se deixa envolver; permanece isolado em si mesmo como espectador desinteressado.

A indiferença de uma pessoa nos machuca. Quando a vida nos obriga a experimentá-la, o sentimento que fica é de que o próximo não é realmente um ser humano. Pois se compadecer das pessoas, interessar-se por elas faz parte da natureza humana. O indiferente é incapaz de amar alguém. Ele encara qualquer pessoa e tudo que se impõe a ele no mundo exterior, segundo esse sentimento de indiferença. Nada lhe diz respeito. Enfim, ele só dá voltas em torno de si mesmo e de seu ego. Ninguém faz com que ele se deixe atrair para fora de sua frieza de sentimentos e desinteresse.

> *O indiferente desistiu de si mesmo. Ele é incapaz de sentir vida e amor em seu interior.*

Por certo que estamos falando do sentimento de indiferença. Mas, na verdade, trata-se do fenômeno acerca da insensibilidade. O indiferente não sente mais nada. Ele formou uma blindagem em torno de si mesmo através da qual nada pode passar. Às vezes, isso funciona como uma couraça protetora. Nesse caso, alguém teme ser ferido novamente ou se envolver com alguém que traia a sua confiança. Assim, muitas vezes os motivos para indiferença têm origem na própria história de vida. Porém, ter de se resguardar tanto de tudo não é, de fato, a solução mais adequada para se lidar com as próprias feridas.

Pois esse é o caminho que leva ao isolamento, que dissocia a pessoa de todos os sentimentos e, na verdade, da vitalidade e do amor. Frequentemente me assusto quando pergunto às pessoas: "O que o emociona? O que lhe traz alegria? Pelo que você se entusiasma?" E então vem como resposta: "Nada". Eu não consigo acreditar e, então, procuro fazer referência a diferentes campos de interesse: música, natureza, montanhismo, uma boa comida, um bom vinho, o amor de alguém. O indiferente desistiu de si mesmo. Ele é incapaz de sentir vida e amor em seu interior.

Nos dias de hoje grassa a indiferença. Muitos acreditam que, sendo "frios", não se deixando abalar por nada, isso seria um sinal de força. Mas, a meu ver, esse é um sinal de pobreza de sentimentos. Uma estudante me contou que esteve morando, no Peru, por um ano a fim de trabalhar lá, num projeto voltado aos mais necessitados. Ao voltar para a Alemanha, ficou contente em poder contar a respeito para amigos e amigas. Mas parou, por perceber seu completo desinteresse. Eles falavam somente sobre o clima e sobre o que havia para comprar nas lojas no momento. Essa indiferença de seus amigos doeu e mostrou-lhe onde se encontra a verdadeira pobreza das pessoas: não na precariedade material, mas na de sentimentos.

INVEJA
Espinho venenoso

Não querer que o outro tenha nada, rebaixar-se e sentir que é limitado, não querer que o outro seja feliz e "levar a mal" o seu sucesso: a inveja (em alemão, *Neid*) envenena a alma, pode ser paralisante e funcionar como um espinho venenoso, além de ser também capaz de gerar uma força agressiva e destrutiva – até se transformar em ódio pelo outro. Ovídio diz que a grama queima sob a sola dos pés do invejoso. E até mesmo na Bíblia fala-se sobre isso: Caim matou seu irmão Abel porque tinha inveja dele. Desde o século VI, a inveja conta como um dos sete pecados capitais. Evágrio Pôntico, considerado o psicólogo, entre os monges escritores do século IV, agrega essa emoção às doenças do espírito.

A inveja nasce porque ficamos nos comparando sempre com os outros. Não olhamos para nós mesmos; tudo que fazemos é olhar o outro de esguelha (para tal ato, temos, em alemão, o verbo *schielen*). Antigamente, em língua alemã, inveja era denominada

Scheelsucht, que pode ser compreendida como uma compulsão a espreitar o outro. Assim que encontramos um grupo de pessoas, nos perguntamos: Quem é mais bonito, quem é mais inteligente, quem sabe falar melhor, quem sabe se apresentar melhor, quem tem mais sucesso? Em detrimento de nós, quem é favorecido? Assim sendo, não estamos voltados para nós mesmos, e sim sempre de imediato, para o outro. Quem se compara com o outro não fica em paz. Ele sempre encontra no outro algo que ele não tem. Sempre haverá quem saiba cantar ou falar melhor do que ele, que tenha melhor aparência do que ele, que tenha mais dinheiro do que ele. Ele se sente um desfavorecido. E assim passa também a ambicionar coisas que sequer fazem falta. Abertamente, é muito raro que se admita a inveja. Mas quem só reprime e abafa a inveja que sente, ainda assim será perseguido por ela. Ou então a inveja reprimida acaba se transformando em ódio ou desprezo por si mesmo. Quem pela inveja se deixa dominar, por ela será corroído. Uma pessoa assim se torna insatisfeita consigo mesma. Ela nunca está em contato com si mesma, só com os outros. E nos outros ela só enxerga aquilo que gostaria de ter. Mas porque ela não tem nada disso, fica aborrecida, se revolta contra o destino e se ressente de Deus, que não a modelou desse jeito e percebe como injustiça o fato de não ter recebido as bênçaos que gostaria.

Sociólogos apontam para uma sociedade sustentada pela inveja. A inveja, na sociedade, é a força motriz para uniformizar tudo. Nas sociedades da Antiguidade, a inveja entre as classes sociais era motivo para que, de tempos em tempos, os bens adquiridos por um indivíduo fossem destruídos ou, então, distribuídos entre os rivais. Na Antiguidade as pessoas tinham medo da inveja dos deuses. Por isso, ninguém tinha coragem de sair de seu ambiente social habitual, de ganhar um pouco mais que os outros, de ter melhores condições de vida. Nos dias de hoje, em alguns países da África, a inveja é um dos maiores obstáculos para o progresso. Inveja-se o sucesso de todo aquele que

Quem se deixa dominar pela inveja, por ela é corroído.

é vitorioso. E as pessoas ou buscam participar dele ou, então, a sugá-lo mesmo por completo. Ou, então, quando alguém se torna poderoso demais, procuram envenená-lo. Mas uma inveja que não pode suportar que alguém se destaque impede qualquer progresso e desenvolvimento de uma sociedade. Pois os indivíduos que se sobressaem são imediatamente igualados e pressionados. Mas também existe uma outra coisa: Que as lutas por justiça recebam o rótulo de "Sozialneid" (inveja de classe social) para que sejam desacreditadas. Ou então que a inveja seja instrumentalizada, psicologicamente, como um meio de incentivar o consumo. "Sua amiga vai te invejar" era o *slogan* de uma propaganda alemã para uma bolsa de grife. Essa observação mostra: A discussão acerca da inveja não se trata apenas de um assunto particular, e sim de um tema altamente político. Em nossa sociedade alemã há, com frequência, o que chamamos de *Neiddebatte*, ou seja, o debate sobre desigualdade da distribuição de renda ou de oportunidades. Um claro exemplo é não se dar o devido valor aos doutores que, enquanto médicos de família, se dedicam sobremaneira a seus pacientes. Cada vez mais médicos partem para o exterior e só então se percebe a que leva o *Neiddebatte*: Ninguém mais pode se destacar. Sim, isso tem como resultado que ninguém mais ouse ou se sinta motivado a se engajar acima da média.

Quem é invejoso se torna insatisfeito consigo mesmo.

Como podemos lidar adequadamente com a inveja? Também aqui vale o lema dos monges primitivos: Devemos dialogar com a inveja. Geralmente preferimos reprimi-la ou tratá-la como um sentimento proibido. Mas deveríamos retirá-la da escuridão e encará-la abertamente. O que a inveja quer me dizer? Que esferas de minha vida estão vazias? Onde quero ser diferente? A inveja me mostra a minha necessidade e os meus mais profundos anseios. Eu gostaria de ter sucesso, de ter melhor aparência, de ser melhor que o outro. Um caminho para se relativizar a inveja consiste em criar imagens concretas: "Quero ser igual às pessoas de quem sinto inveja. Quero ter uma aparência como fulano ou fulana. Quero ter tanto dinheiro quanto tal pessoa. Quero ser notado na sociedade do mesmo modo que ele ou ela. Quero ser tão inteligente, ser tão bem-sucedido, cantar e falar tão bem, me impor como esta ou aquela pessoa". Quando visualizo todas as características que me causam inveja nos outros, então talvez eu seja capaz de reconhecer que esta se trata de uma percepção irrealista das coisas. Possivelmente um monstro se revelaria, caso eu materializasse em mim todas essas características. Posso desapegar-me do que invejo à medida que o imagino concretamente. E, assim, o sentimento de gratidão pelo que sou pode surgir. Quando admito o sentimento de inveja, tiro dele o poder sobre mim. Entro novamente em contato com meu próprio eu. E, agradecido, procuro viver a vida em sintonia comigo mesmo. Assim descubro o quanto Deus me abençoou em minha vida. Ao me dar conta disso, posso ser generoso com os outros.

Quando me deixo dominar pela inveja, ou ela leva ao ódio pelas pessoas que se encontram em posições melhores que a minha ou, então, se sinto que não alcançarei jamais o que os outros alcançaram, o ódio em relação a eles se transforma em ódio por mim mesmo. Na Alemanha costuma-se dizer que alguém "fica amarelo de inveja". Diz-se também que alguém "empalidece de inveja". Com isso expressamos que a inveja nos rouba a cor da pele saudável.

Quem é invejoso se sente humilhado pela condição superior do outro. E pode-se dizer: Inveja leva a uma autopercepção doentia e, em última análise, ao sentimento de estar doente. Porque não consigo alcançar aquilo que invejo, direciono toda agressão para mim mesmo e fico deprimido. Eu mato todos os amigos em meu coração e me furto a toda energia para começar algo novo e mudar positivamente. A energia se perde na inveja que se sente dos outros.

A inveja faz parte do ser humano. Os monges primitivos eram realistas o suficiente para reconhecer isso. Eles nos mostram os caminhos de como devemos lidar com a inveja. Quando lutamos contra a inveja, ela desenvolve em nós uma força que a isso

O invejoso nunca está em contato consigo mesmo, mas com os outros, sempre.

se opõe. A inveja sempre voltará a aparecer. O único meio de se superar a inveja é o brando diálogo com ela. Assim, não nos julgaremos ao percebermos inveja em nós. À proporção que aceitamos a inveja, admitimos nossas próprias necessidades e nossos anseios. E, ao mesmo tempo, confirmamos que muitas vezes são irrealistas e infantis as necessidades que temos. Por toda parte sempre queremos ser os maiores, os mais bem-sucedidos e os mais belos. Ao examinarmos tais necessidades, podemos nos distanciar delas e nos reconciliar com nossa situação, bem como vivenciá-la de fato. Desse modo, dizemos *sim* para nós mesmos e somos gratos pelo que Deus nos deus. Não olhamos mais para os outros, mas, sim, para nós mesmos. Sendo assim, podemos desenvolver energias que positivamente nos permitam encarar novos objetivos sem que as direcionemos destrutivamente para outros. Desfrutamos de nossa vida, que por Deus nos foi dada, sem ficarmos permanentemente espreitando os outros com tanta inveja e malevolência.

IRA E RAIVA
Dominar, não se deixar dominar

A ira é um estado afetivo primário e uma forma de agressão. Agressões fazem parte da vida e constituem uma importante energia vital. Portanto, não há nada de negativo nisso, pois a agressividade existe para regular a relação entre proximidade e distância. Quando fico agressivo, esse é sempre um indício de que alguém desrespeitou meus limites. E a ira pode me levar a matar aquele que me enfureceu. Encontra-se isso, em todo caso, na *Ilíada*, o poema épico grego escrito pelo grande Homero no século VIII a.C.: Aquiles, o herói, é tomado pela ira, quando Heitor mata seu amigo Pátroclo. A ira deixa Aquiles enfurecido e lhe investe de forças sobre-humanas.

Análoga à ira é a raiva. Trata-se esta também de uma emoção violenta. No entanto, a psicologia a chama de "afeto primário". A raiva é cega, explosiva e descontrolada. Ela pode se direcionar, inclusive, a objetos inanimados. Por exemplo, a criança bate raivosamente na toalha de mesa que lhe fez tropeçar.

Mas irado só se pode ficar em relação a seres humanos. A ira é o ímpeto de avançar nas pessoas. Porém, a ira pode enfurecer alguém tão intensamente, a ponto de se perder as estribeiras e avançar sobre os outros desenfreadamente, podendo até matá-los.

A Bíblia fala sobre a "ira divina". Deus se ira quando os homens pecam e decaem. Essa ira, Jesus também conhece. Quando Ele, revoltado e encolerizado, perseguiu os vendilhões, os atacou com um açoite e os expulsou definitivamente do Templo, isso fez com que os discípulos lembrassem a palavra do Sl 68: "O zelo da tua casa me consome" (Jo 2,17). E, numa outra oportunidade, mostra-se que Jesus olha com indignação para os fariseus que querem impedi-lo de curar um homem enfermo no dia de sábado: "Então, relanceando um olhar indignado sobre eles e contristado com a dureza de seus corações..." (Mc 3,5). Jesus não grita. Ele não explode. E também não se deixa arrebatar pela ira. Em primeiro lugar, a ira é a força de se voltar contra os fariseus, de não se deixar contaminar pela dureza de seus corações, tampouco por ela se deixar dominar. A ira é a força para fazer o que Jesus entende que é certo – Ele fala para o enfermo, que está com a mão seca: "Estende tua mão!" (Mc 3,5) e o cura. Nesse caso, a ira é uma

Tirar proveito da ira para um agir vigoroso é algo inteiramente diferente de deixar-se dominar e abater por ela.

emoção com a qual Jesus entra em contato por meio de suas forças, aliás, de suas forças divinas.

A ira pode nos tornar sobremaneira furiosos a ponto de fazermos coisas das quais nos arrependemos depois. Trata-se de uma emoção tão violenta, que chega a obscurecer nossa razão ou até mesmo a neutralizá-la. Ela não prejudica somente o outro – ou seja, a pessoa sobre a qual, totalmente indignados, disparamos palavras, quiçá balas ou flechas, caso a arma correspondente se encontre à mão – mas também nós mesmos. Pois fazemos algo que é contrário à nossa razão. A ira que Jesus sente o leva a afastar-se dos fariseus e a fazer o que considera correto. Para nós, vale o mesmo: Quando sentimos uma ira muito grande em nossos corações, isso se trata sempre de um sinal de que uma outra pessoa desrespeitou nossos limites. Não devemos reprimir a ira, tampouco nos deixarmos dominar por ela, de modo que venha a anular nossa razão. Sobretudo, a ira é um sinal de que devemos lidar de maneira moderada com nossa força agressiva. O que devemos fazer: Ou nos controlarmos melhor, ou, então, dizermos para o outro até onde ele pode ir. Naturalmente que devemos fazer isso com clareza e liberdade. A ira deve se tornar uma fonte de força da qual nos alimentamos e não uma emoção desenfreada que nos desequilibra. Tirar proveito da ira para um agir vigoroso é algo inteiramente diferente de deixar-se dominar e abater por ela. Assim sendo, nossa ira pode se transformar numa santa ira, que é benfazeja para as pessoas.

Jesus nos mostrou como devemos lidar com nossa ira: Devemos transmutá-la numa força que protege a vida, que luta pela vida.

LUTO
Transformação em nova vida

Num curso para pais que perderam os filhos, uma mãe me contava que perdeu a filha num acidente de trânsito e que, em seu luto, ela se sentia como uma leprosa. Ao vê-la na rua, amigos e antigos conhecidos mudavam de calçada. Ela os desculpou: Talvez estivessem sem jeito e, provavelmente, não soubessem o que lhe dizer nessa fase de luto. Mas essa atitude de desculpar os outros era somente um apaziguamento para não ter de suportar seu abandono. Quando refletira sobre o esquivar dos amigos, percebera dolorosamente: Meu luto não pode existir. Eu incomodo os outros com meu luto. Eles apenas querem continuar vivendo normalmente. Eles não querem o meu luto. E, em conclusão, eles também não me querem. Pois eu, no momento, não posso existir sem o luto.

Quando uma pessoa querida morre, o luto me faz cair num caos de sentimentos. É a dor da perda da pessoa amada. No início, eu não queria acreditar de modo algum que não mais falaria com o pai falecido, com a mãe falecida, com o amigo, com o filho. Eu reprimo o luto. Se eu lhe permito, tenho a sensação de que perco o chão. Eu não me conheço mais. A fé também não me sustenta. Ela sequer me poupa da dor. O luto é caracterizado por diferentes sentimentos. Inicialmente, é a dor em primeiro plano. Trata-se de uma dor inexprimível ter perdido essa pessoa querida e ter de despedir-me dela para sempre. A sensação de ausência de sentido se imiscui na dor. Se essa pessoa que significa tanto para mim não existe mais, então não sei para que ainda continuo vivendo neste mundo.

Na dor e no luto se imiscuem ainda outros sentimentos. À medida que me despeço dessa pessoa, tomo consciência da minha relação com ela. E essa relação não era somente clara, amável e harmoniosa. Houve conflitos também. Houve mal-entendidos e mágoas. Quando me lembro disso, também aparece a raiva. Mas ela eu não posso permitir de jeito nenhum. Pois eu tenho de sentir dor. Todavia, a elaboração de luto sempre significa também que eu me torno mais consciente de minha relação com o falecido, que devo a ele não só pelo significado que a relação tem para mim, como também por tudo que foi tão difícil na convivência com ele e pelas coisas que me magoaram. Elaboração do luto também significa sempre esclarecer minha relação com o falecido e a trabalhar novamente o que ainda está por se resolver, para, então, poder liberar isso.

Além da raiva e da dor, também surgem sentimentos de culpa durante a elaboração do luto. Eu sinto muito por não ter falado bastante para o falecido que o amava, que ele era importante para mim. Eu não lhe agradeci. Não me despedi dele adequadamente. E eu me lembro das mágoas que lhe causei. Uma mulher estava cheia de sentimentos de culpa porque as últimas palavras que dissera ao marido foram ríspidas, numa briga. À noite, após a discussão, o marido morreu súbita e inesperadamente. É importante examinar também os sentimentos de culpa, apresentá-los a Deus e confiar que Ele perdoará a minha falta. E eu imagino que o falecido esteja agora junto de Deus. Ele está em paz. Ele não me faz acusações. Ele me perdoou. Então, eu também devo me perdoar. O falecido não gostaria que eu ficasse sempre dando voltas em torno de meus sentimentos de culpa. Ele quer que eu viva.

Contudo, não sinto pesar apenas pela pessoa que partiu. A morte de um ente querido me suscita o lamento por meus sonhos desfeitos. Pois a vida como imaginei ao lado de meu marido, de minha mulher, junto com meu pai e minha mãe, junto com meu filho foi, de repente, colocada em questão. As ideias que fazia da vida foram despedaçadas. Portanto, tenho de lamentar por mim mesmo. Pois minha vida não continuará mais como eu queria. Muitas vezes, a morte de um ente querido me remete à vida que eu mesmo não vivi. Assim sendo, o luto também é sempre luto pela vida que não se viveu até o dado momento.

Quando do trabalho acerca do tema "luto", a psicanalista Margarete Mitscherlich detectou que, na vida, temos muitas perdas a elaborar como luto. Devo elaborar os sonhos destruídos, as oportunidades perdidas, a minha própria mediocridade, a mediocridade das minhas aptidões, a mediocridade do meu casamento, da minha família, da minha comunidade. Quem renega o luto estagna internamente. Elaborar o luto significa que, atravessando a dor pela oportunidade perdida e pelos sonhos despedaçados, eu chego ao fundo da minha alma. Ali, entro então em contato com novas possibilidades de mim mesmo e de minha vida. Por baixo da dor, percebo uma paz interior e minha verdadeira identidade. Quando me nego, no luto, a atravessar a dor, então escolho duas outras possibilidades de reação à experiência de perda. Eu me lastimo e giro sempre em torno da minha autopiedade; em vez de elaborar a mediocridade de meu casamento, fico lamentando que o amor empalideceu, que tudo se tornou tão rotineiro e tão banal. Eu continuo imerso em autopiedade e não avanço um passo sequer. Ou então eu me queixo. Eu me queixo de minha companheira. Ela é culpada de que nosso casamento vá tão mal. Ou me queixo do patrão. Ele é culpado de que meu sonho profissional tenha ido por água abaixo. Lástima ou queixa não fazem com que eu atravesse a dor, e, sim, com que eu permaneça na superfície. Não ocorre qualquer evolução, nenhuma transformação do luto em nova vida.

A elaboração do luto só terá êxito quando eu estiver preparado para deixar que se despedacem as ideias que fiz de mim mesmo, da minha vida e de Deus. Não há outra alternativa para mim: Ou deixo que se quebre o que imaginei para que, através do luto, eu possa partir para novas possibilidades de vida, ou, então, continuo apegado às ideias que fiz da vida – assim me quebrarei, por inteiro, quando da morte de um ente querido. Uma mãe contava sobre a morte de seu filho de 38 anos, que ia todo domingo à missa. Ela estava cheia de amargura e com ódio de Deus por Ele lhe ter tomado o filho. Eu lhe externei minha compreensão pela acusação e pela revolta contra Deus. Mas disse a ela que a revolta também precisa ter um objetivo, como em algum momento se entregar completamente ao Deus incompreensível. Porém, minhas palavras não surtiram efeito. Aí percebi: A mulher está apegada à sua ideia de Deus e da vida. Deus tem de deixar que seu filho viva por muito tempo, porque ele vai à igreja todo domingo. Se assim não for, então ela não quer mais saber de Deus. No entanto, se ela, até o dado momento, ateve-se a Deus ao longo de 70 anos, ela mesma se quebrará por dentro se arrancar Deus de seu coração agora. Elaborar o luto seria: Eu deixo que se quebre a minha ideia de que meu filho cuidaria de mim na velhice. Eu deixo que se quebre a ideia que tinha de mim mesma, de que sempre me saberia somente como mãe. E deixo que se quebre a ideia que tinha de Deus. Assim estarei aberta para novas possibilidades de minha vida, para meu verdadeiro eu e para o Deus totalmente diferente que, apesar de toda a incompreensibilidade, é amor.

A elaboração do luto só terá êxito quando eu estiver preparado para deixar que se quebrem as ideias que fiz de mim mesmo, da minha vida e de Deus.

O luto tem o propósito de me colocar em contato com novas possibilidades que estão à espera em minha alma. Mas também de me levar a uma nova relação com o falecido. Quando aceito que ele se foi, posso também aceitar uma nova relação com ele. Ele se torna um companheiro interior. Às vezes posso vivenciar isso nos sonhos, quando o falecido me diz uma palavra que me faz prosseguir, ou quando, em silêncio, me mostra que tudo está bem como está. Também posso pedir ao falecido para me acompanhar, me fortalecer e me indicar um caminho pelo qual devo seguir. E, em meu luto, posso perguntar-lhe: "Qual é a sua mensagem para mim? E como você gostaria que eu respondesse sobre a sua vida e sobre sua morte? Como vou viver agora sem você? Qual é o seu desejo?" Uma mulher, cujos filhos nasceram mortos, após longo período de luto pôde dizer: "Meus filhos são como anjos que me acompanham e me permitem encontrar, justamente o acesso a crianças difíceis, em meu trabalho artístico-educacional".

MEDO
Um convite

Todos nós conhecemos o sentimento de medo. Viver é mudar. Quando começamos algo novo, quase sempre não sabemos se já estamos preparados para aquilo. Quando temos de abandonar o que já existe, um doloroso sentimento de perda iminente nos surpreende. O medo é da ordem dos sentimentos sobre os quais não temos controle e que podem nos dominar. Ele pertence aos sentimentos negativos dos quais adoraríamos nos livrar, mas não conseguimos. Com bastante frequência, passamos pela seguinte experiência: Quanto mais lutamos contra eles, mais fortes ficam. Para muitos, o medo é algo que devem tirar da cabeça; eles acreditam que é algo doentio. Este já é o primeiro erro de julgamento. O medo é próprio do homem. Não há nenhum ser humano que não tenha medo. Sem medo nós também não teríamos limites. Naturalmente que há medos que nos assaltam, que nos paralisam, que nos torturam e é desses que gostaríamos de nos libertar. A questão é como isso pode ser viável.

O primeiro passo consiste em se reconciliar com o medo e dialogar com ele. À medida que dialogo com o medo, me familiarizo com ele. E vai ficando mais claro para mim de que eu realmente tenho medo, vai se tornando mais concreto esse medo difuso. Quando questiono meus medos de me sentir ridículo na frente dos outros, de revelar minhas fraquezas diante das pessoas ou de cometer um erro que grite aos olhos de todos, acabo descobrindo, nesses medos, quais são as minhas necessidades pessoais: Diante dos outros, tenho a necessidade de ser bom, perfeito, infalível. À medida que vou elaborando essas necessidades, percebo o quanto são irreais. O medo me convida a me despedir de necessidades exacerbadas. E o medo me aponta as falsas hipóteses que se instalaram em minha mente. Exemplo de uma hipótese assim poderia ser: "Não posso cometer erro algum, senão não terei valor algum, senão serei rejeitado". A clara elaboração de minhas hipóteses me mostra o quão arbitrárias elas são. E, assim, posso questioná-las. E o medo me convida a não me definir a partir do julgamento de outras pessoas, mas a enxergar o motivo da minha existência, em outros valores: na transparência, na honestidade, na sinceridade. E, por fim, o medo me aponta Deus como o verdadeiro motivo da minha existência. Se em Deus tenho o meu motivo para existir, então também sou capaz de suportar quando as pessoas me rejeitam. Não sou obrigado a agradar todo mundo só para poder ser admirado onde quer que eu esteja.

Há outros medos que nos intrigam. Um deles é o medo de alguma doença, como, por exemplo, medo de ter câncer. No entanto, não só existem clínicas para pacientes com câncer, como também para pessoas que sofrem com o medo de que poderiam vir a ter câncer. Esse medo não se pode simplesmente reprimir, senão ele me acompanha por toda parte. Também, nesse caso, vale dialogar com ele: Eu me aprofundo em reflexões sobre o medo e imagino que elas penetrem o verdadeiro motivo que me faz sentir medo. Pode ser que eu venha a ter câncer. E aí? Entro realmente em pânico? Ou a doença é um desafio para lutar pela minha saúde e mudar meu modo de viver a vida? Até em minha doença estarei nas mãos de Deus e delas não cairei. Se permito que o motivo real de meu medo seja expresso e nele me aprofundo em reflexões, ao mesmo tempo também posso pedir a Deus para que me deixe longe do câncer, que abençoe minha saúde e me guarde. O medo me convida a viver na confiança de que estou sempre nas mãos de Deus e a me libertar da fixação na doença. O medo me desafia a tomar consciência de minha própria finitude. Algum dia eu vou morrer, então procuro viver conscientemente o agora, estar verdadeiramente presente, no momento atual, e aproveitar bem cada encontro.

O terapeuta judeu Irwin Yalom acredita que o medo da morte pertenceria essencialmente ao homem. Uma terapia que reprime o medo da morte – conforme reprimenda de Yalom a Sigmund Freud – não é verdadeiramente capaz de ajudar o ser humano. Mas, nesse caso, também é imprescindível indagar o medo da morte. Tenho medo de exatamente o quê? Alguns têm medo da perda do controle sobre todas as coisas. Outros temem o desamparo ou a dor. Outros, ainda, têm medo de deixar seus cônjuges ou filhos para trás, porque acreditam que, sem sua presença, eles não dariam conta de suas próprias vidas. À medida que meu medo se concretiza, todas as vezes posso pedir a Deus para que me acompanhe na hora da morte, para que Ele guarde as pessoas que terei de deixar para sempre depois que eu morrer. O medo me remete a decisivos temas da vida. Quando me posiciono diante desses temas, me torno mais consciente e mais atento e, ao mesmo tempo, vivo mais intensamente.

Paralelamente aos medos centrais, há muitos outros medos que se criam dentro de nós. Temos medo de não darmos conta da vida, de fracassarmos financeiramente, de não sermos capazes de corresponder às exigências do trabalho, de não estarmos educando bem os nossos filhos; temos medo de que sigam pelo mau caminho. Face a todos esses temores, convém: Dialogar com cada medo, imaginar o que acontece caso aquilo que tanto tememos se apresente de fato. E, depois, entregar para Deus. Pergunte ao medo então: O que significa exatamente não dar conta da vida? Tenho medo de não ter força para a rotina diária? Tenho medo de não conseguir assegurar minha existência financeiramente? Quando dialogo com os medos posso empreender etapas concretas

O medo pode se tornar um amigo que nos convida a encontrar novos critérios para nossa vida.

para que o medo diminua. Posso pensar no que estou precisando para assegurar minha existência, no que posso fazer de concreto para isso. E, passando pelo medo, sempre posso descobrir a segurança que há em mim. Ninguém tem só medo, ninguém sente só segurança. Em meio a meu maior medo, posso pedir a Deus que me dê com segurança. Os monges primitivos transformavam o medo à medida que recitavam versículos bíblicos, face ao temor que se apresentava. Para o medo das pessoas, de suas críticas, de sua natureza despótica, de sua rejeição, recitavam o seguinte versículo do Sl 118: "O Senhor está comigo, não temerei. O que me podem fazer os homens?" Esse versículo não elimina o medo. Mas, atravessando o medo, a palavra leva à confiança que já existe no fundo de minha alma.

O problema dos nossos tempos é que, imediatamente, patologizamos os sentimentos negativos, prontamente interpretamos o medo como doença. Mas o medo integra nossa existência e nos faz humanos. Naturalmente que o medo como distúrbio psíquico é uma realidade. Aquele que sofre de ataques de pânico precisa de ajuda terapêutica. Às vezes medicamentos também podem ajudar um pouco. Mas, nesses casos, também é importante descobrir o motivo do medo. Muitas vezes é o medo do medo que me assalta. Mas quando examino o medo e o observo conscientemente é comum que não se desenvolva para um ataque de pânico. Se realmente entro em pânico, significa que agora simplesmente me permito ficar paralisado, a não ser capaz de fazer nada. Desse modo, o ataque de pânico poderia se tornar um convite a descer, por um momento, da "roda de ramster" da minha vida. Com isso, talvez minha alma se rebele contra uma vida à qual me obriguei e que me sobrecarrega. E, então, também o pânico seria um convite a encontrar meu equilíbrio e a reagir, mais tranquilamente, às exigências da vida.

O medo pode se tornar um amigo que nos convida a encontrar novos critérios para nossa vida e que nos mostra: Nós não temos a nossa vida, os nossos sentimentos, o nosso corpo sob controle. Nós dependemos das graças de Deus; o medo mostra que dependemos da ajuda de Deus. E, ao mesmo tempo, nos leva à confiança de que a presença salvífica de Deus sempre nos protege, por toda parte, e que nunca, jamais, poderemos cair de suas mãos generosas.

NOJO
Alerta para uma decisão pela vida

Tão logo pronunciamos a palavra *nojo* imediatamente sentimos um certo desconforto. Nojo pressupõe repulsa a alguma coisa. E, em sua forma mais intensa, nojo é o estímulo que provoca o vômito. Em francês há duas palavras que, em alemão, traduzimos como *nojo*. Ambas são inclusive termos recorrentes, na obra do teólogo Teilhard de Chardin: *dégout*, a negação do gosto, a falta de vontade, para designar aversão, desagrado, desgosto; e *nauseé*, originalmente um termo médico, que significa ânsia de vômito causada por nojo pela comida. Primariamente, este último vem de *naus* e *navis*, que significa *navio*, ou seja, é o enjoo ao navegar que resulta em vômito. Jean-Paul Sartre, em seu romance *La Nausée* (A náusea), descreveu a repulsa à vida como sentimento básico existencial do homem contemporâneo. Para isso, os latinos têm uma expressão própria: *taedium vitae*, que significa nojo da vida ou, então, a letargia da vida, uma repulsiva, repugnante, desagradável vida.

O que os idiomas nos ensinam, também vivenciamos no dia a dia. Uma comida estragada nos enoja, algo como um pão bolorento. Às vezes também somos capazes de sentir nojo de comidas que são boas, mas que, por não corresponderem exatamente à nossa disposição, naquele momento, acabam nos provocando repulsa. É bom observar essa resistência interna, pois, se ingerirmos aquilo que nos provoca nojo, teríamos de vomitar em seguida. Sentimos nojo de um cômodo desordenado ou totalmente emporcalhado, ou de uma pessoa desleixada. Ela nos provoca um sentimento negativo do qual é muito difícil se desvencilhar. Nós podemos até nos esforçar para enxergar a pessoa sob a ótica do amor ao próximo e não julgá-la. Mas o sentimento de nojo é mais forte. Ele faz com que brotem em nós os espinhos da aversão e, como consequência, nos recolhemos a nós mesmos, a fim de não nos deixarmos contaminar pelo que nos causa nojo.

O nojo passa principalmente pelo olfato, pelo paladar e pela visão. Porém, também existe nojo em caráter espiritual. Sentimos tremenda repugnância em relação a condutas brutais, violência, infâmia e intriga. Há uma repulsa moral contra tudo que contradiga nosso saudável bom-senso e bom gosto. Também sentimos certo nojo em relação ao tipo de riqueza pretensiosa que abastados ostentam despudoradamente.

Também vivemos, hoje, o que os latinos chamam de *taedium vitae*. Há pessoas que não têm vontade de viver, a quem a vida causa repulsa, que sentem nojo de suas vidas. Para Santo Tomás de Aquino, *taedium vitae* faz parte dos sete pecados capitais. Ele o associa à *acedia*, preguiça ou fadiga. Com essa postura, a pessoa opõe resistência contra tudo que realmente poderia lhe fazer bem, contra a vida, contra a salvação que Deus oferece, contra a alegria. Desse modo, a pessoa se fecha em relação à vida e, em última análise, se fecha em si mesma. Nesse isolamento em si, tudo que vem do exterior incomoda. Qualquer coisa só é capaz de lhe provocar nojo.

Nossa tarefa consiste em lidar com o nojo de forma adequada. Muitas vezes o nojo é a expressão de nossa resistência a uma outra coisa. O nojo nos mostra

O nojo pode ter uma função de alerta. Mas temos de prestar atenção se o nojo que sentimos não está se tornando nojo pela vida.

que alimentos nos fazem bem ou não, em que espaços nos sentimos bem ou não, com que pessoas gostamos de estar juntos ou não. Então é bom confiar no nojo. Todavia, não devemos reforçar o nojo por uma pessoa. Ele é a primeira reação da nossa alma. Então também é importante acolher essa pessoa desleixada e descobrir nela a sua dignidade divina. Mas o nojo nos obriga a alertar o outro de que ele prejudica a si mesmo com seu desleixo. Toda a atenção temos de prestar se o nojo que sentimos não está se tornando nojo pela vida. Então é necessário observar esse sentimento detidamente. Nós sentimos nojo da vida porque trazemos, em nosso íntimo, uma outra ideia de vida. Devemos nos despedir dessa idealização, para que, assim, possamos finalmente nos decidir pela vida.

O nojo pode ter uma função de alerta. Mas temos de prestar atenção se o nojo que sentimos não está se tornando nojo pela vida.

ÓDIO
Uma energia destrutiva

A palavra *ódio* (em alemão, *Hass*) possui um tom maligno abismal. Alguém pode admitir um sentimento destrutivo como esse? E a que Jesus se remete quando diz: "Se alguém vem a mim e não odeia seu pai, sua mãe, sua mulher, seus filhos, seus irmãos, suas irmãs e até a sua própria vida, não pode ser meu discípulo" (Lc 14,26). Pode o ódio ter também um lado positivo?

Uma mulher me contara que seu marido era alcoólatra. Ele era imprevisível, não se podia conversar com ele, porque sequer permitia que alguém lhe dissesse alguma coisa. Então ela admitiu: "Às vezes noto que sinto ódio dele". Mas imediatamente se culpou: "Como cristã, não posso sentir ódio. Sou então uma péssima cristã". Os monges primitivos enxergam isso de uma maneira diferente: Não posso evitar que o ódio surja em mim. Mas o modo como lido com o ódio é minha inteira responsabilidade. Se nego e reprimo o ódio, mesmo assim ele espalhará sua devastação em meu interior. Ele me deixará fisicamente doente ou então se expressará inconscientemente em meu comportamento. Quando dou livre curso ao ódio, prejudico o outro e, principalmente, a mim mesmo. Considerando o verbo alemão "odiar" (*hassen*), quem odeia é feio (*hässlich*). Sua aparência perde tudo que há de atraente. O que é feio, repugna. O ódio tem uma face sinistra. Com meu ódio, torno feias as outras pessoas, roubo-lhes a dignidade.

De vez em quando o amor vira ódio: Amávamos muito uma pessoa, mas ela nos decepcionou, traiu o amor que lhe tínhamos. E, assim, nosso intenso amor se transforma no sentimento oposto, um ódio violento, passional. Há exemplos suficientes para tais inversões de sentimentos que, então, passam a ser destrutivos. Basta abrirmos os jornais. Recorrentemente são noticiados casos em que o marido matou a ex-mulher e o novo namorado por ódio. O ódio cega. Ele seduz as pessoas a cometerem atos desvairados, que têm, como consequência, destruição e aniquilamento. Estamos falando do ódio desenfreado, que nos rouba a razão e pode nos levar à loucura. O ódio pode ser devastador e mortal. Caim odeia seu irmão Abel e o mata. O ódio destrói o homem, tanto o que odeia quanto o que é odiado. Quem é dominado pelo ódio não só perde o controle sobre si mesmo, ele também se transforma num ser humano feio e digno de ódio. Ele dissemina o ódio em torno de si e, assim, destrói a comunhão dos homens.

O ódio espalha a violência e semeia o terror. Quando, em 1977, durante a Feira de Frankfurt, o filósofo polonês Leszec Kolakowski ganhou o Prêmio da Paz[5], a massa era dominada pelo medo de ataques dos terroristas, que sequestravam e matavam pessoas. O ódio seria um mal peculiar – conforme a conclusão do discurso de agradecimento do ganhador do prêmio – e que não poderia ser reprimido com medidas institucionais. Nesse caso, ele queria dizer que, "restringindo-se a esse mal, cada um de nós contribui para também limitá-lo na sociedade. Sendo assim, ele compreende, em si, uma frágil e trêmula antecipação de uma vida mais suportável a bordo dessa nossa *Nau dos insensatos*"[6].

Entretanto, como devemos lidar com o poder destrutivo do ódio sem sermos dominados por ele?

---

5. Premiação concedida pela Associação do Comércio Livreiro Alemão desde 1950 [N.T.].

6. "A nau dos insensatos" (*Das Narrenschiff*) , influente poema satírico, em língua alemã, do humanista Sebastian Brandt, publicado em 1494, com ilustrações de Albrecht Dürer. Considerado a mais efetiva preparação para a Reforma Protestante; uma vigorosa crítica à postura da Igreja. No poema, a alegoria de um navio lotado de loucos, rumo ao Paraíso dos Tolos, expõe divertidamente as fraquezas, os vícios, a vulgaridade, a grosseria; enfim, a loucura do mundo naquele tempo [N.T.]

Ódio é a mais elevada forma de agressão. Portanto, o ódio tem de ser transformado numa agressividade saudável. À mulher que se queixava do marido, eu disse: Não dê livre-curso ao seu ódio. Do contrário, fará infeliz você mesma e seu marido. Mas também não se abstenha dele. Que você perceba que sente ódio, há um motivo e um sentido para tanto. O ódio a incentiva a ter coragem para se separar de seu marido e lhe diz: *Eu também tenho o direito de viver. Eu me protejo da loucura do meu marido.* Ao se lidar com as emoções desse modo, o ódio se transforma em autoconfiança, clareza e liberdade.

Jesus fala muitas vezes sobre o ódio. Uma delas é a respeito da experiência de que os apóstolos serão odiados por todo o mundo por causa do nome de Jesus (Mt 10,22). O mundo não pode suportar os apóstolos porque eles lhe colocam diante dos olhos um espelho que mostra sua genuína realidade. E Jesus nos exorta: "Digo-vos a vós que me ouvis: amai os vossos inimigos, fazei bem aos que vos odeiam, abençoai os que vos maldizem e orai pelos que vos injuriam" (Lc 6,27s.). Amar aquele que me odeia parece uma exigência excessiva. Porém, se o inimigo me odeia, isso significa sempre que, na verdade, ele odeia algo em si mesmo e faz sobre mim as suas projeções. Amar o inimigo não quer dizer que eu, passivamente, vá abaixar a cabeça e deixar que ele faça comigo o que quiser. Muito pelo contrário, amar é algo ativo: Eu compreendo o ódio e a hostilidade do outro. Eu vejo no outro o ser humano digno de compaixão que não está em paz consigo mesmo.

Amar significa acreditar que o outro tem algo de bom por dentro. E esse amor se expressa através da boa conduta. À medida que trato o outro bem, dou-lhe a oportunidade de acreditar no que há de bom dentro dele. E me dirijo a ele bem. Por ele rezo e o abençoo. A bênção protege a mim mesmo do outro. Ao abençoar, saio do papel de vítima. Não sou vítima do inimigo que me odeia. Ativamente, envio para ele uma boa energia, na confiança de que ela o transforme. Jesus, portanto, acredita que somos capazes de nos protegermos do ódio do outro e de transformá-lo em amor através da boa conduta, das boas palavras e das orações.

> *Não posso evitar que o ódio surja em mim. Mas o modo como lido com o ódio é minha inteira responsabilidade.*

Jesus fala sobre o ódio ainda em outro contexto: "Se alguém vem a mim e não odeia seu pai, sua mãe, sua mulher, seus filhos, seus irmãos, suas irmãs e até a sua própria vida, não pode ser meu discípulo" (Lc 14,26). A maioria traduz a palavra grega *misein* como "desprezar". Mas na verdade significa: odiar. Mateus suavizou isso e escreveu: "*philien hyper –*

amar mais que". Psicologicamente, odiar significa: distanciar-me internamente dos pais e irmãos a fim de encontrar meu próprio caminho. Nesse caso, odiar não significa legitimação de divergências familiares, mas a libertação interior dos vínculos demasiadamente estreitos com a família; tem a ver com a coragem de viver minha própria vida conforme Deus planejou para mim. Aqui, odiar a alma também não quer dizer odiar a si mesmo. Pois o ódio a si mesmo destrói. Ele pode levar ao suicídio. Pelo contrário, a ideia nesse caso é: conseguir distanciar-se de si mesmo, das próprias necessidades e emoções. Para mim, essas palavras de Jesus são um convite a distanciar-me internamente de meus afetos e pensamentos, de minhas paixões, do meu ódio precisamente e, então, através dos sentimentos, chegar, enfim, ao espaço interior que, sendo isento da presença do ódio e da hostilidade, é cheio de Jesus Cristo, de seu amor e misericórdia.

Nesse caso, o ódio tem, de fato, uma conotação positiva: ele é a arte de se distanciar, de não se deixar dominar por ninguém, mas de dar espaço dentro de si mesmo, para o Reino de Deus. Quando Deus reina em mim, sou um homem verdadeiramente livre.

A arte do caminho espiritual consiste em não dar livre-curso ao ódio, nem reprimi-lo, porém transformá-lo em autoconfiança e liberdade através do amor, da bênção e da oração. Devo utilizar a força do ódio para distanciar-me de tudo que queira me dominar. Nesse sentido, Jesus reconhece a força positiva dessa paixão que me abre para o Reino de Deus, que já está em mim (Lc 17,21).

PRAZER
Remédio contra a tristeza

Viver prazerosamente implica uma qualidade emocional positiva que não caiu em descrédito unicamente pela tradição moral que condena o prazer. Com muita frequência, a capacidade de se viver com prazer também se perde devido à pressão de um dia a dia emocionalmente pobre, delimitado pelo rendimento pessoal e organizado segundo o cumprimento de obrigações. Hoje em dia precisaríamos não somente de uma nova orientação para percepção do prazer aqui e agora, mas também de uma espiritualidade que o despertasse e não que excluísse todo e qualquer prazer, com o dedo em riste.

Em alemão, empregamos a palavra *Lust* (prazer, desejo, vontade) de diversas formas: *Ich habe Lust auf einen guten Rotwein.* (Estou com vontade de beber um bom vinho tinto.) Aqui, *Lust* significa: Querer algo, na esperança de que venha me trazer uma sensação agradável, alegria e satisfação. Também falamos bastante: *Ich habe keine Lust zu arbeiten.* (Não estou com vontade de trabalhar.) Nesse caso, a ideia é: Não tenho motivação. Algo em mim se recusa. Ou, então, falamos que as pessoas imoderadas *sich nur von Lust und Laune bestimmem lassen*, ou seja, que agem como bem entendem, que vivem segundo seus caprichos. Elas não têm nenhuma sensibilidade em relação ao que delas se espera, aos seus deveres. A palavra alemã *Lust* origina-se da palavra germânica *lutan* = prostar-se, curvar-se. Assim sendo, *Lust* expressa a inclinação para alguma coisa. No entanto, ainda há uma outra palavra que a isso se refere: a palavra lituana *liudnas* = triste. Parece ser um antagonismo. Porém, ambas as experiências estão, de fato, estreitamente relacionadas: Um grande prazer, às vezes, também leva ao desalento. Isso vale, sobretudo, para o prazer realizado que provoca tristeza nas pessoas. Quem diz *sim* para o prazer tem de dizer *sim* para a tristeza também, do contrário não se pode ter verdadeiro prazer. Nos dias de hoje, vemos pessoas que já não são mais capazes de sentir grande prazer em nada, porque não conseguem se retirar da monotonia de seu cotidiano.

Na teologia, durante séculos, o prazer não foi um tema benquisto. O prazer foi prematuramente moralizado, identificado com o prazer sexual e visto como ameaça para os seres humanos ao invés de realização. Porém, a filosofia grega define o prazer absolutamente como a força motriz emocionalmente positiva que dirige o comportamento. Por sua vez, o grande filósofo grego Platão diferencia as várias formas de prazer, de acordo com o objetivo para o qual apontam. Quando o prazer está voltado para valores éticos importantes ou para uma finalidade eminentemente sensata e edificante, então ele está à altura da pessoa. Em contrapartida, o prazer puramente mundano é, para Platão, absolutamente suspeito. Segundo ele, o prazer representa o equilíbrio interno do ser humano. Ele, portanto, faz bem para sua saúde interior. Seu antípoda filosófico, Aristóteles, desenvolveu uma nova concepção do prazer. Ele compreende o prazer enquanto parte integrante de uma atividade completa. Quando o homem se realiza por completo numa atividade, invariavelmente também experimenta prazer. Portanto, o prazer está associado à nossa atuação; ao exercício pleno de nossos talentos naturais vivenciamos prazer.

Tem prazer de viver apenas aquele que evita o mal e faz o bem.

No caso dos Pais da Igreja, vê-se o prazer como uma característica do homem decaído, ou seja, do homem marcado pelo pecado. De imediato, o prazer é julgado como desejo por prazeres mundanos e equiparado à cobiça. Fala-se em "desejo carnal" e conta-se este entre os sete pecados capitais. Por outro lado, os Pais da Igreja consolidam a alegria do homem redimido. Mas, como essa alegria fora compreendida de modo estritamente espiritual, todo o domínio da alegria de viver foi, muitas vezes, perdido. Santo Agostinho vê, no prazer, um *amor do mundo* distorcido. Em contrapartida, o tão sóbrio teólogo da Idade Média, Tomás de Aquino, via o prazer positivamente. Para ele, não só o prazer espiritual é um valor elevado, mas também o prazer sensual. E, em um de seus tratados, ele fala sobre um remédio natural contra a *passione animae* (a dor da alma); cita o prazer como lenitivo contra a tristeza e contra o sentimento de mágoa. Como motivo para isso, mostra que muitas vezes a tristeza surge porque nos apegamos a feridas do passado ou, então, porque lamentamos a perda de experiências boas. Por outro lado, o prazer está sempre no presente. "No entanto, porque o sentimento do presente é mais forte que a memória do passado, e o amor em si permanece mais duradouro que o amor do outro, daí que, finalmente, o prazer expulsa a tristeza" (TOMÁS DE AQUINO. *Summa, quaestio* 38,2).

A psicanálise de Sigmund Freud dedicou-se profundamente ao prazer humano. Para Freud, a busca do prazer e a fuga do desprazer caracterizam fundamentalmente o funcionamento do psiquismo humano. No entanto, revela-se também em Freud que o prazer não dura muito. Quem quer se tornar adulto tem de se adequar à realidade. E ela, na maioria das vezes, não assegura nenhum prazer. Para a psicologia atual, o prazer é uma importante qualidade de percepção do ser humano. Quando a pessoa sente prazer em seu trabalho e está "no mesmo fluxo", faz tudo com muito mais facilidade; quando fazer caminhadas é um prazer, seu coração se eleva; quando comparece a uma reunião com prazer, ela certamente será proveitosa e, também, o prazer experimentado, na fusão dos corpos, durante o relacionamento sexual, fomenta o seu amor. O prazer está a serviço da saúde. E a psicologia diz que a inibição do prazer faz o ser humano adoecer. Quem não se permite o prazer azeda a vida. Com isso, faz com que ele mesmo adoeça.

No Prólogo da *Regra*, São Bento lança a pergunta aos que se interessam pela vida monástica: "Qual é o homem que quer a vida e deseja ver dias felizes?" Não deve, portanto, ingressar no mosteiro aquele que pretende fugir da vida, mas sim o que tem vontade de viver plenamente, que anseia por ver dias bons (cf. *RSB*, Prólogo 15). Porém, a vontade de viver não se plenifica porque o monge pode fazer tudo o que desejar. Pelo contrário, São Bento mostra, através de um versículo, como se dá o caminho para a vida plena: "Se queres possuir a verdadeira e perpétua vida, guarda a tua língua de dizer o mal e que teus lábios não profiram a falsidade, afasta-te do

> *Prazer nada tem a ver com libertinagem, mas com uma vida plena.*

mal e faze o bem, procura a paz e segue-a!" (Prólogo 17; Sl 34,14s.). Tem prazer de viver apenas aquele que evita o mal e faz o bem. Prazer, portanto, nada tem a ver com libertinagem, mas com uma vida plena, com uma vida vivida de acordo com a vontade de Deus. São Bento está convencido de que, no início, o caminho para a verdadeira vida é estreito e difícil. Mas a quem a esse caminho se dedica, "com o progresso da vida monástica e da fé, dilata-se o coração e com inenarrável doçura de amor é percorrido o caminho dos mandamentos de Deus" (Prólogo 49). Em latim, a referência aqui é à doçura do amor. O amor existe para ser provado. Por isso, ele pode proporcionar prazer. O amor tem um gosto doce. Porém, só se é possível alcançar esse amor quando o coração se alarga e quando deixamos toda rigidez para trás.

PREOCUPAÇÃO
Confiar na graça de Deus

Segundo o filósofo Martin Heidegger, o homem é essencialmente alguém que se preocupa. A existência (*Dasein* = ser-aí) é preocupação. *Ser no mundo* significa cuidar de si e de sua existência, preocupar-se consigo e prover a si mesmo. A preocupação torna o homem inquieto e não deixa que ele sossegue em lugar algum. Toda a sua existência é determinada pela preocupação consigo mesmo. A preocupação nos leva a trabalhar, a ganhar o sustento, a garantir o futuro, a acumular bens, para que, finalmente, possamos viver em paz e segurança.

A palavra grega para preocupação é *merina*, e traz a ideia de um aflito e zeloso preocupar-se com algo, a aspiração por alguma coisa, a receosa expectativa por algo, o medo de alguma coisa. Muitas vezes o significado também possui uma tintura de angústia, de sofrimento por algo.

Os gregos falam sobre a preocupação torturante e atormentada à qual o homem está submetido. Sua preocupação sempre tem a ver com o medo. Ela é o agir pelo medo, "medo pela existência praticado", conforme o teólogo suíço Ulrich Luz. A palavra alemã *Sorge* (preocupação) também tem a conotação de desilusão, desgosto e mal. A palavra russa *soroga* está igualmente relacionada a *Sorge*. Mas *soroga* designa o ser humano rabugento. Quem é consumido pela preocupação, quem se deixa oprimir pelo desgosto e pela aflição torna-se uma pessoa rabugenta e insatisfeita. Em alemão, o verbo *sorgen* também pode significar: cuidar de algo, prover, providenciar para que tudo fique melhor, para que alguém seja cuidado. Nesse sentido, há *Fürsorge*, ou seja, assistência social para as pessoas em geral e *Vorsorge*, previdência social direcionada à terceira idade.

O futuro está nas mãos de Deus. Devemos sempre confiá-lo à graça divina.

Há pessoas solícitas que se empenham para que os outros vivam bem. Mas também há pessoas que não conseguem dormir à noite porque se preocupam demasiadamente. Nesse sentido, Jesus repreendeu Marta: "Marta, Marta, andas muito inquieta e te preocupas com muitas coisas" (Lc 10,41). Marta se preocupa que Jesus e seus discípulos recebam comida suficiente. Mas, devido à sua preocupação, ela passa a ser dura e a condenar sua irmã, que simplesmente ouve o que Jesus tem a dizer. Lucas descreve a preocupação de Marta com as seguintes palavras:

merimas kai thorybaze. Poderíamos traduzir da seguinte forma: Você quebra demais a sua cabeça sobre se teremos comida suficiente ou não. E faz com que você mesma fique confusa, você se perde, entra num estado de agitação e inquietude interior que não faz bem a nós, os convidados. Marta é bem-intencionada com seu cuidado. Mas ele logo se transforma em preocupação e desassossego, que faz mal a ela mesma e irrita os outros. Nesse sentido, ninguém se sente bem perto de uma pessoa solícita. No caso, não se pode experimentar o cuidado como expressão do amor, mas o desassossego e o medo que o anfitrião inspira na outra parte para que os convidados fiquem satisfeitos.

É compreensível que o ser humano se preocupe temerosamente com sua vida e com seu futuro, pois sua existência neste mundo é arriscada. Mas o fato de não haver garantias para sua existência não deve levá-lo à preocupação temerosa. Nesse sentido, Jesus nos exorta: "Portanto, eis que vos digo: não vos preocupeis por vossa vida, pelo que comereis, nem por vosso corpo, pelo que vestireis. A vida não é mais do que o alimento e o corpo não é mais que as vestes? (Mt 6,25). Preocupação temerosa obscurece o espírito. Em contrapartida, quando confio em Deus, por certo que cuidarei de meu futuro, mas não agirei de modo desarrazoado. O medo me leva a despesas desnecessárias e a apólices de seguros; a fé em Deus, pelo contrário, permite-me viver conscientemente o momento atual, com toda atenção e cuidado. Portanto, Jesus assim conclui seu poema sobre a despreocupação: "Não vos preocupeis, pois, com o dia de amanhã: o dia de amanhã terá as suas preocupações próprias. A cada dia basta o seu cuidado" (Mt 6,34). Naturalmente que se trata sempre de uma questão de equilíbrio. Uma mãe não consegue abrir mão totalmente da preocupação com seus filhos. É inevitável que ela surja em seu íntimo. E o pai se preocupará com a segurança financeira da família. Mas, ao mesmo tempo, devem se deixar relembrar, por intermédio de suas preocupações, que o futuro de sua família está nas mãos de Deus e que, por isso, eles podem sempre e sempre confiar seus filhos, bem como o próprio futuro, à graça de Deus.

REMORSO
Dor da alma

A palavra alemã *Reue* (remorso) originalmente quer dizer: ficar triste, consternado. A palavra denota a dor emocional em relação ao que fizemos ou deixamos de fazer. Na esfera cristã, o remorso é definido como: "Dor da alma e aversão aos pecados cometidos com o propósito de não mais pecar" (RAHNER. *Reue*, 300). Dois aspectos são importantes aqui: em primeiro lugar, a dor da alma pelos pecados e, depois, a efetiva disponibilidade de modificar meu comportamento e fazer o melhor. Na tradição cristã, esse *fazer melhor* chama-se penitência. Por isso, remorso e penitência estão sempre interligados. A tradição fala em contrição do coração. A pessoa se recolhe em si e se arrepende de suas faltas. Isso, de fato, está vinculado a um sentimento doloroso e negativo. A pessoa se culpa e se dilacera pelo sentimento de culpa. Entretanto, essa contrição deve levar a um novo comportamento. Geralmente, o verdadeiro remorso vem junto com as lágrimas.

Pois, quando tomo realmente consciência do quanto feri outra pessoa com meu comportamento, sinto uma dor forte em meu coração e, portanto, o choro é a expressão exata dessa dor interior.

C.G. Jung, em sua prática terapêutica, encontrou pessoas que se acomodaram ao remorso. Ele acredita que tais pessoas se esqueceram do aspecto efetivo do remorso, que consiste em poder modificar a vida. Em vez disso, permanecem estagnadas na emoção do remorso. Ele traz a imagem de como algumas pessoas se acomodam ao remorso, assim como alguns preferem ficar debaixo de um cálido cobertor de penas num dia frio de inverno, em vez de se levantar. Um remorso assim compreendido é, então, uma substituição para o viver. Sente-se decerto remorso, mas não se arca com nenhuma consequência, não se muda nada. Estima-se até mesmo a autorrepreensão vinculada ao remorso – uma desculpa para não assumir a responsabilidade pelos próprios atos. Mas o remorso em real sentido é mais que um conflito mental, ele não é somente a ressaca moral depois da falha cometida. No remorso encontra-se sempre um enérgico *Não* ao antigo comportamento e o desejo de mudar alguma coisa na própria vida.

O remorso tem o propósito de levar à reversão da situação. Mas, às vezes, o remorso também tem o caráter de autoacusação e autopunição. Pode-se estagnar igualmente nessa autopunição – e, pouco tempo depois, dar continuidade ao comportamento antigo. Um remorso apenas emocional como tal, vez por outra, até mesmo reforça um comportamento repreensível. Por isso, é importante que não nos dilaceremos quando sentirmos remorso, mas que viremos a página e nos dediquemos, vigorosamente, ao novo comportamento.

Fora do contexto cristão da confissão, nos dias de hoje, fala-se bastante em remorso na sociedade. Espera-se que terroristas se arrependam de seus atos, porque, do contrário, não se pode imaginar que sejam libertados. Nesse caso, o remorso é compreendido como clara confissão da própria culpa. Vincula-se a isso a disponibilidade de se desculpar com as vítimas. Esse é um sinal de concreto remorso. Remorso é a renúncia à antiga postura, ao comportamento passado, e à disponibilidade para recomeçar. Assim sendo, ele é uma emoção que elabora o que passou, que liberta, e que me move a me reorientar e a adotar um novo comportamento.

> *No remorso encontra-se sempre um enérgico Não ao antigo comportamento, o desejo de mudar alguma coisa na própria vida e adotar uma nova conduta.*

RESIGNAÇÃO
Sem energia, sem esperança

Na prática de acompanhamento espiritual sempre encontro pessoas resignadas. Elas desistiram da luta por objetivos e valores que antes lhes eram imprescindíveis. Da vida, nada mais esperam. Sua postura é: Não vale mais a pena se dedicar a alguma coisa ou investir em si mesmas. Dizem: Nada disso faz qualquer sentido. Elas perderam a esperança por mudanças e não creem mais que a vida efetivamente ainda venha a se modificar, de modo positivo, para si mesmas e para os outros.

A palavra alemã *Resignation* (resignação) origina-se do latim *re-signare*. *Signare* significa: selar, distinguir com um signo. Sela-se um documento importante, com um lacre, para que, assim, ele tenha validade. *Re-signare* é a ideia de que *re*tiro o lacre. Eu abro mão das exigências, renuncio ao que consta do documento. No entendimento militar, isso quer dizer: arriar as *bandeiras do campo de batalha* (em alemão, *Feldzeichen*, em latim, *signum*) ou seja, render-se, porque a perspectiva de vencer diminuiu. Quando falamos hoje em resignação, queremos dizer: abdicação, renúncia, fatalismo. Muitas vezes uma postura assim se desenvolve furtivamente, mas, ao final, uma coisa é clara: Estamos num completo impasse. Abrimos mão da necessidade de realizar nossos desejos e não temos mais expectativas. Moldamo-nos ao que parece ser inevitável, rendemo-nos ao nosso destino.

Porém, essa entrega não tem nada de liberdade interior. Ela é acompanhada, principalmente, por sentimentos depressivos e de desesperança. Em última análise, nós desistimos de nós mesmos. Uma postura assim também não

Jazer no túmulo da resignação é confortável: Não se assume mais qualquer responsabilidade.

se trata de nenhuma virtude espiritual. Quem é resignado não tem mais esperança. Ele simplesmente continua vivendo, sem paixão no coração, com sentimentos abafados ou totalmente apático.

No acompanhamento espiritual, quando encontro pessoas que se resignaram, naturalmente que não cabe a mim julgar isso. Eu simplesmente tomo conhecimento. E muitas histórias de vida me deixam claro que: Não raro, essas pessoas procuraram trabalhar isso em si durante anos. Mas de uma hora para outra algo como, por exemplo, uma doença, as retira bruscamente de seus caminhos rotineiros e aniquila todos os esforços empenhados, até então, para elas viverem bem. Ou, então, elas se dedicaram à sua igreja ou comunidade, sua firma ou sua família, mas todos os esforços foram em vão: a Igreja não se mexe, a comunidade em que vivem já desistiu de si mesma, está inerte, e a empresa é dirigida por gerentes de fora, que não se importam com a antiga cultura empresarial, pensam apenas em lucro rápido e deixam que valores sociais sejam degradados. Ou, ainda, sua família se destruiu, apesar de todos os esforços, porque brigas por herança separaram os irmãos. No início, ainda procuraram promover uma reconciliação, porém todas as tentativas, pelo motivo que fosse, foram malsucedidas. Agora se está resignado. Entretanto, não se está feliz com essa resignação. Percebe-se que ela sobrecarrega e prejudica a pessoa.

A resignação rouba da pessoa toda a força que é preciso para lutar. De um modo ou de outro, nada mais vale a pena mesmo. A pessoa simplesmente se adapta à sua parca vida ou então foge, envolvendo-se em inúmeras atividades para escapar à resignação. Mas o espírito de toda atividade frenética, ainda assim, é a resignação. De nós não emana mais qualquer energia, qualquer esperança por um futuro melhor.

No entanto, a imagem que compreende a palavra *resignação* também pode mostrar uma solução:

Quando abrimos o lacre de um documento e, com isso, o invalidamos, podemos redigir um novo documento, no qual formulamos nossos intentos e desejos para a vida. Todavia, algumas pessoas que se resignaram em determinadas esferas também perderam as esperanças de uma nova versão para suas vidas. Elas não se resignaram somente na luta por seus ideais. Elas desistiram de si mesmas. Essa postura é tal como um veneno que se infiltra e adoece toda a existência e que destrói tudo desde a raiz. Quem está resignado dessa maneira não é capaz de se alegrar por mais nada. E ele desvalorizará as pessoas que se dedicam a alguma coisa e ridicularizará seu engajamento. Pois quem está contaminado pela resignação não consegue – ou mal consegue – suportar quando outras pessoas ainda podem se entusiasmar com um projeto ou uma ideia. Quem não é mais capaz de se entusiasmar não guarda mais nenhuma energia em si. Neurocientistas nos dizem que justamente através do entusiasmo formam-se novas conexões no cérebro. Percebo tristeza em mim sempre que falo com pessoas resignadas. Não só porque

Levantar-se do túmulo da resignação significa: Engajar-se novamente pela vida, por seus ideais, trabalhar cheio de esperança por um mundo melhor.

elas desistiram de si mesmas. Delas só emana agrura, cansaço, ceticismo. Não raro, a resignação se expressa por meio do cinismo, que diminui o outro e promove uma atmosfera de negatividade. A palavra alemã *Zynisch* (cínico) origina-se da antiga escola filosófica dos cínicos (*die Kynicker*), cujo nome é derivado da palavra grega *kyon* = cão. A ideia é: Tais pessoas comportam-se "caninamente" à medida que tudo comentam de forma mordaz e desfaçada e, tal como um cão, atacam todas as ideias vigentes e modos de viver.

A resposta cristã à resignação é a ressurreição. Cristãos são convictos de que: Jesus se levantou do túmulo. Uma esperança – que é tão forte – de que eles também superarão a morte tem uma consequência em nossa própria vida: Devemos nos levantar, junto com Jesus, do nosso túmulo da resignação. A resignação parece uma sepultura; acomoda-se lá, mas tudo está morto, perece e mata por si só. Continuar deitado no túmulo da resignação é, por certo, confortável, e sob o papel de espectador pode-se comentar, comodamente, inconsequentemente, sobre tudo que se vê. Mas não se assume mais responsabilidade alguma. Levantar-se do túmulo da resignação significa: ir à luta novamente, engajar-se de novo pela vida, pelos seus ideais, trabalhar por um mundo melhor, cheio de esperança.

Nosso tempo é marcado pela resignação. Na política, na Igreja, na vida pessoal de cada um, há muita resignação. Não consigo exortar ao entusiasmo uma pessoa resignada ou nem mesmo convencê-la disso.

Tais apelos não lhe causam impacto. No entanto, posso indagar-lhe: Que proveito você tira em continuar deitado no túmulo da resignação? Por que, de fato, você se resignou? Seus ideais foram, talvez, ambiciosos demais? Acaso não consegue perdoar a si mesmo ou às outras pessoas por serem tão medianas?

Há uma resignação salutar: Resignar de um modo positivo seria se eu retirasse o lacre do documento de minhas ilusões e expectativas exageradas e, então, escrevesse uma carta, um *script* de minha vida com o que realmente lhe confere sentido.

SATISFAÇÃO ORGULHOSA
Consciente do próprio valor

Na Igreja Primitiva, o orgulho (em alemão, *Stolz*) era considerado como um dos sete pecados Capitais. Tomás de Aquino classifica a *superbia* (soberba), inclusive, como pecado original: enquanto empenho desvairado para se destacar. Compreendia-se o orgulho não como expressão de autoestima, e, sim, reservava-se a ele um lugar próximo à arrogância ou, então, fazia-se a imediata comparação com insolência egocêntrica ou presunção. Porém, a língua alemã compreende o orgulho de modo diferente. Ela chega mais perto dessa emoção.

A origem da palavra já demonstra: *Stolz* primordialmente significa algo especial e insigne; algo que demonstra ser particularmente precioso. *Stolz* é derivado de *Stelze* (pernas de pau) e traz a ideia de uma pessoa que é tão "elevada" como que por sobre pernas de pau; que é vistosa, exuberante, bem-disposta. Originalmente, portanto, essa palavra tem a conotação de elevada autoestima, de alegria pelos talentos e êxitos pessoais. Eu posso ser orgulhoso de meus pais, de meus filhos e de seu desempenho, da minha comunidade ou até de pátria. Posso me banhar e me aquecer à luz do reconhecimento ou de um valor com o qual me identifico ou do qual compartilho. Isso é algo inteiramente positivo. Em psicologia, pode-se dizer que o orgulho, de fato, é uma elementar expressão da felicidade humana.

Porém, o orgulho é ambivalente. Os livros ascéticos descreveram como sendo *orgulho* o que os Pais da Igreja descreveram com diferentes termos. Orgulhoso é o homem independente, cuja autoestima não depende do reconhecimento dos outros. Esse é um aspecto positivo. Pois quem sempre se deixa definir, apenas pelos outros, está destinado a incorrer no vício de vanglória ou vaidade. E, assim, o orgulho se torna um dos oito vícios capitais sobre os quais fala o antigo monge psicólogo Evágrio Pôntico. Os latinos falam em *vitium*, que pressupõe ameaça à alma humana. Mas, ao mesmo tempo, em *vitium* encontra-se também a palavra *vis* = viço. Trata-se, portanto, de descobrir a força positiva no vício de vanglória, que nos impele a trabalhar, bem e meticulosamente, e a nos engajarmos pelos outros. Uma forma diferente do "vício" de orgulho é a inveja. Ela consiste em comparar-se com os outros.

Vanglória e inveja são duas facetas do orgulho. A terceira é a *Hybris* (substantivo grego feminino, que alude à desmesura, aos excessos). Ela é o sentimento de superioridade em relação aos outros. Entretanto, a *Hybris* geralmente surge do medo da própria verdade. A pessoa é cega para a própria verdade e se identifica, preferencialmente, com idealizações demasiadamente elevadas. *Hybris* é a recusa a acolher a própria humanidade em suas limitações. Ela é o verdadeiro risco que corre o humano: O homem presume algo que somente a Deus está reservado; ele se coloca em posição superior aos demais.

Quando escrevo sobre satisfação orgulhosa, refiro-me ao aspecto positivo do orgulho. Tenho orgulho e estou satisfeito com o que realizei. Esse sentimento me confere gratidão por minha vida e tranquilidade interior. No entanto, a satisfação orgulhosa também está sempre ameaçada por uma satisfação saciada, que não questiona mais nada. A satisfação saciada se nega a prosseguir. Mas faz parte da natureza do ser humano que ele sempre esteja a caminho, que sempre continue buscando sua verdadeira realidade e a revelação das potencialidades que nele se encontram. E também faz parte de sua natureza que o ser humano busque Deus incessantemente. Assim compreende São Bento, o monge como alguém que busca Deus por toda a sua vida. A satisfação saciada fica simplesmente estagnada. Ela não se deixa mover realmente por ninguém. Os teólogos moralistas descrevem essa postura como "endurecimento no bem". A pessoa se empenhou, fez algo de bom, mas se apropria disso – em consequência disso, perde em vivacidade e resiliência.

Podemos desfrutar da satisfação orgulhosa, mas, ao senti-la, devemos ao mesmo tempo estar abertos para o que Deus tem a nos dizer, diariamente, a que Ele gostaria de nos colocar à prova ou para que missão deseja nos chamar.

Satisfação orgulhosa por uma obra bem-feita, por um dia bom, por uma bela celebração nos confere se-

Nós não nos diminuímos. Porém, ao mesmo tempo, sabemos que tudo de que nos orgulhamos também é sempre uma dádiva.

renidade interior e gratidão. Fazemos uma pausa e desfrutamos do que se passou. E somos gratos por tudo ter dado certo. Além disso, também somos gratos pelos dons que Deus nos concedeu. Ficamos orgulhosos, por exemplo, que sejamos capazes de ter criado uma atmosfera alegre e benfazeja para as pessoas, durante a celebração. Temos nossa parcela no êxito. Não nos diminuímos. Porém, ao mesmo tempo, sabemos que tudo de que nos orgulhamos também é sempre uma dádiva. E também temos consciência de que não podemos nos apropriar dessa satisfação. Devemos fazer uma pausa para desfrutar do que temos orgulho. Mas, depois, também temos de prosseguir. Continuamos vivos somente se prosseguimos, se continuamos buscando, se continuamos nos empenhando em seguir para onde nosso coração e nosso último anseio nos guia.

SAUDADE
Tensão e profundidade

No Romantismo a saudade era o particular sentimento da existência. Os românticos ansiavam pelo lar e aconchego, pelo amor e felicidade. Também, nos dias de hoje, um anseio insaciável preenche a existência de muitas pessoas. Ansiar (em alemão, *sehnen*) origina-se de "desejar amorosamente, afligir-se". Isso tem a ver com dor. Mas é uma doce dor. Pois, ao sentir saudade, o ser humano se sente vivo inteiramente. Ele percebe que a saudade é algo que o leva para além desse mundo. Saudade (em língua alemã, *Sehnsucht = sehnen*: ansiar + *Sucht*: vício) não se trata da busca (*Suche*) por algo. O significado da palavra tem a ver, principalmente, com debilidade e doença. A pessoa se sente doente de saudade assim como se sente doente de amor. A saudade não só atinge o coração, como também o corpo inteiro. Sente-se com todo o corpo a saudade em si.

Em latim, saudade é *desiderium*. O termo origina-se de *sidera* = estrelas. Saudade é, então, o caminho para se trazer as estrelas para a Terra. Aqui, em meu coração, sinto a fascinante manifestação das estrelas, que aguçam a minha saudade do céu, o meu anseio pela infinita beleza de Deus. A saudade traz o céu para a Terra. Ela cria em mim o espaço das amplidões celestes.

Para Santo Agostinho, a saudade é o fundamento existencial do ser humano. Todo homem, no fundo, tem saudade de Deus, anseia por aconchego, por amor, pelo verdadeiro lar, por pureza e liberdade. O próprio Deus depositou, em nossos corações, o anseio pela eterna comunhão com Ele. Queiramos ou não, em tudo que buscamos apaixonadamente ao final, ansiamos por Deus. Quando esgotamos todas as forças para adquirir riquezas, os bens não preencherão nosso anseio; na busca pela riqueza oculta-se o anseio por tranquilidade, o fato de que nós finalmente poderemos descansar. Entretanto, o inevitável é que as posses nos tornem obcecados, que elas nos levem, cada vez mais, para a inquietação. Quando nos esforçamos para alcançar sucesso, há, por trás disso, afinal, o anseio por termos valor como pessoa. Porém, ao mesmo tempo, sabemos que sucesso

Em todo ser humano está presente um anseio por mais, pelo inigualável, pelo que basta em si mesmo.

nenhum é capaz de saciar nosso verdadeiro anseio. Experienciamos nosso valor divino somente em Deus. No fundo todo homem anseia por amar e ser amado. Basta que apenas abramos o jornal para percebermos quantos anseios do gênero permanecem irrealizados e/ou terminam em solidão e desespero. Não obstante, em cada pequeno amor reside a saudade de um grande amor, um anseio por Deus. Santo Agostinho resumiu isso na célebre frase: "Inquieto está nosso coração enquanto não repousa em ti". O homem é cheio de uma insaciável fome de Deus; fome pelo lar absoluto, por segurança, pelo paraíso perdido. Mesmo que, no meio exterior, o desejo do homem se volte para outros objetivos, ainda assim o objetivo derradeiro é Deus. Mesmo em pessoas que se distanciaram de Deus, está presente um anseio por mais, pelo inigualável, pelo que basta em si mesmo.

O inevitável é que pessoas que alcançaram tudo que queriam são geralmente assaltadas pelo sentimento de vazio interior. O filósofo da medicina e psicoterapeuta, Stanislav Grof, disse certa vez: "Um quer ser citado como melhor jogador de futebol do ano, o outro quer fazer pós-doutorado com grandes honras, conquistar o coração do par perfeito ou ganhar tanto dinheiro para que ele ou ela possam financiar o estilo de vida que já levam". Porém, em meio a toda as realizações, um vazio interior permanece e o anseio por algo completamente diferente se torna até maior. Nada terreno, nenhum sucesso, nenhuma pessoa amada pode aplacar nossa inquietação interior. Santo Agostinho tem razão. Descansaremos somente quando direcionarmos nosso anseio para Deus, quando encontramos Deus dentro de nós como fonte interior que jamais se esgota, como aconchego e lar de onde jamais seremos expulsos, como amor que jamais se dissolve e nem escorre pelos dedos.

Todo ser humano anseia, de fato, por amar e ser amado. O amor está sempre vinculado à saudade. Não há amor sem saudade. O terapeuta Peter Schllenbaum descreveu, em seu livro *Die Wunde des Ungeliebten* (A ferida do não ser amado), a estreita ligação entre amor e saudade. Nesse contexto, ele acredita que localizamos amor e saudade, na mesma parte do corpo: "A saber, no meio do peito, na altura do coração, ali, onde os que sofrem de amor e saudade colocam sua mão". Exatamente a tensão da saudade torna o amor precioso e o preenche de uma insondável profundidade. A maior felicidade

O amor também se torna precioso justamente na saudade e preenchido por uma insondável profundidade.

do amor e o inexprimível sofrimento de saudade se encontram em estreita proximidade. O amor remete sempre para além de si mesmo. Nele, enfim, ansiamos pelo absoluto e incondicional amor divino.

SECURA EMOCIONAL
Morto internamente

Há pessoas que secaram internamente. Elas não conseguem sentir mais nada. São incapazes de se entusiasmar por alguma coisa. Todos os sentimentos estão ressequidos. Tais pessoas percebemos como mortas internamente. Sem emoções, o ser humano parece morto. Sentimentos conferem vigor ao homem. Eles permitem que a vida lhe pareça plena de sentido. Através das emoções, ele percebe a si mesmo. Mas se as emoções secam e murcham, o homem não se sente vivo. Ele se atrofia internamente.

Em aconselhamento espiritual, sempre vejo pessoas que sofrem por sua secura emocional. Elas adorariam sentir. Mas não sentem nada. Não conseguem se alegrar por coisa alguma. Mesmo o luto não é capaz de tocá-las realmente. Às vezes essa insensibilidade emocional é sinal de depressão. Na depressão, a vida afetiva se paralisa. Mas também há secura emocional fora da depressão. Trata-se simplesmente de se estar desconectado das emoções. Os sentimentos são como uma fonte que emana vivacidade. Porém, para algumas pessoas, essa fonte está seca.

Pessoas que sofrem de secura emocional seguem simplesmente levando a vida. Suas vidas não têm altos e baixos, tudo é igual. A vida segue por uma via árida. Também a paisagem é seca. Ali não há nenhum verde pelo qual se alegrar. Tais pessoas invejam as que conseguem se entusiasmar e se alegrar.

No que tange ao outro, são insensíveis. Quando instadas sobre o que sentiram ao se encontrarem com essa ou aquela pessoa, respondem: *Nada*. São incapazes de sentir como o outro está realmente. Elas apenas ouvem as palavras, mas sequer notam os sentimentos do outro. Isso geralmente leva a conversas que magoam. Elas não querem ferir, mas, do momento que se esquivam, subestimam os sentimentos alheios e a eles reagem laconicamente, por certo que o outro fica ofendido. Ele não sente que é levado a sério com seus sentimentos, simplesmente passaram por cima deles. Alguns sofrem de secura emocional e se sentem inferiores às outras pessoas. Em contrapartida, outros não querem aceitar sua secura emocional e preferem ferir seus semelhantes. Eles acusam as pessoas de agirem por sentimentalismo

> *É necessário atenção e cautela para se descobrir os sentimentos velados sob a pétrea camada de sentimentos reprimidos.*

barato ou por excitação emocional; chamam o outro de sentimentaloide ou falam depreciativamente sobre tipos emotivos com os quais não se pode conversar razoavelmente. Mas, com isso, elas apenas se desviam da miséria particular em que se encontram devido à sua insensibilidade e secura emocional.

Durante discussões, pessoas insensíveis sequer percebem as emoções que movem os outros. À medida que argumentam unicamente com imparcialidade, suscitam raiva e incompreensão no outro. Junto a tais pessoas, os outros não encontram ouvidos para seus sentimentos, anseios e desejos. Para o mundo exterior, na maioria das vezes, essas pessoas secas e insensíveis aparentam ser fortes.

Os sentimentos querem ser desvelados.

Elas não dão valor às suas emoções. Porém, na realidade, elas, de fato, assemelham-se a androides sem alma. Ninguém procura sua companhia. E, assim, elas caem em isolamento. De vez em quando as pessoas insensíveis sentem sua solidão. Então, eu procuro chamar-lhes a atenção para esse sentir; elas devem investigar em si mesmas esse sentimento de solidão. Desse modo, elas então ao menos vivenciam um sentimento. Ou eu deixo que percebam dentro de seu corpo: Como parece a secura emocional? Ela também é um sentimento; também posso reconhecer e sentir a insensibilidade. Quando alguém sofre por causa de sua secura emocional, ele sente alguma coisa. Eu procuro, então, aproximá-lo desse sentimento. Em seguida, ele reconhece que não existe ninguém que não tenha sentimentos; eles talvez estejam apenas embotados, sem viço, mas, ainda assim, capazes de serem encontrados por debaixo da superfície árida. É necessário atenção e cautela para se descobrir os sentimentos velados sob a pétrea camada de sentimentos reprimidos. Os sentimentos querem ser desvelados. Eu procuro sentir-me em meu íntimo, ao mesmo tempo que abro passagem nessa camada dura, a fim de atravessá-la, para, enfim, tocar os sentimentos que jazem sob ela. Desse modo, eles podem aflorar vagarosamente. E, em meio a um campo seco, começarão então a desabrochar vigorosamente os primeiros botões dos sentimentos e, novamente, eles me restituirão a vida.

SEDE DE VINGANÇA
Descontrole, imoderação

Quando somos feridos profundamente por outra pessoa, surge em nós o sentimento de vingança. Queremos dar o troco pela injustiça recebida e ficar quites à medida que nos vingamos do outro e lhe causamos dano. O sentimento de vingança possui uma forte dinâmica interna e a tendência de se tornar ilimitado, desenfreado, desmedido. Quanto mais profunda é a mágoa, mais intensa é a sede de vingança. Esse sentimento nos atormenta de tal maneira que adoraríamos poder matar logo o outro, humilhá-lo e facilmente imaginamos os mais cruéis métodos de tortura e sevícias. Impelidos pela sede de vingança, podemos ser instigados não apenas a criarmos fantasias violentas, mas a chegarmos às vias de fato. Apesar do impulso de tirar desforra da injustiça sofrida, a ânsia de vingança é, amiúde, arbitrária e igualmente injusta.

O sentimento de querermos nos vingar coloca-nos em contato com nossa energia agressiva.

Quando os heróis das antigas sagas eram tomados pelo espírito de vingança, eles se enfureciam. E sua raiva e sua fúria faziam com que forças desconhecidas e devastadoras se lhes revelassem. Sede de vingança, de fato, não se trata de um problema de sociedades arcaicas. Praticamente não conseguimos evitar que surjam pensamentos negativos quando nos sentimos feridos. Mas é nossa responsabilidade decidir de que maneira lidaremos com o desejo de nos vingarmos. É inerente à sede de vingança o impulso de lutar contra a injustiça e o anseio pela justiça. A justiça desmoronada deve ser restaurada. Assim sendo, a sede de vingança nos coloca em contato com nossa energia agressiva, cuja força positiva consiste em não aceitarmos mais permanecer como vítima e, finalmente, nos libertarmos desse papel.

O significado positivo da energia agressiva consiste em não aceitarmos mais permanecer como vítima, e finalmente nos libertarmos desse papel.

Porém, quando damos livre-curso à sede de vingança, transformamos a nós mesmos em agressores e, aos outros, em vítimas. Isso não nos faz evoluir. Quando percebemos, em nosso íntimo, o impulso da sede de vingança, devemos encará-lo principalmente como um impulso de arrancar de nosso coração quem nos feriu e, assim, nos libertarmos de seu jugo.

Em certos momentos nossa sede de vingança se expressa através de fantasias vingativas; fantasiamos humilhar com palavras quem nos magoou ou prejudicou. Às vezes, essas fantasias vingativas também são brutais, adoraríamos igualmente insultar a pessoa e até mesmo matá-la. Fantasias assim nos colocam em contato com a força de nos distanciarmos do outro. Mas quando lhes damos livre-curso, isso não nos faz bem. C.G. Jung adverte a não se dar livre-curso às fantasias de vingança. Pois, assim, na fantasia, passamos por cima de nossos critérios e valores humanos. No mundo real isso também pode levar a um comportamento abusivo e letal. No entanto, não devemos reprimir a sede de vingança. Quando ela surge, é sempre um sinal do quão profundamente nos sentimos magoados. Devemos examiná-la, conscientemente, e só então pensar sobre como podemos nos proteger da dor, da melhor maneira. A proteção pode ser, por exemplo, estabelecer claros limites para o outro. A proteção também pode se expressar na penalidade. Nos tribunais a sentença que pesa sobre uma injustiça está dissociada principalmente de pensamentos de vingança, e, sim, orientada por pensamentos de reparação. Contudo, não devemos fazer justiça com as próprias mãos. A Bíblia sempre nos deixa claro que Deus é quem usa a própria vingança e que ela não nos pertence. Portanto, devemos remeter a Deus nosso sentimento de mágoa

Quando damos livre-curso à sede de vingança, transformamos a nós mesmos em agressores e, aos outros, em vítimas.

e nosso desejo de justiça. Que Ele puna os malfeitores e restaure a justiça. Os salmos transformam a sede de vingança e os sentimentos vingativos no anseio pela justiça divina. À medida que apresentamos nossa sede de vingança a Deus, o sentimento pode se transformar. O sentimento reprimido nos prejudica do mesmo modo que o sentimento extravasado. À medida que é expresso na oração, ele pode se transmutar na confiança de que Deus restaurará a justiça, de que os malfeitores não permanecerão incólumes por muito tempo. A promessa da Bíblia é: Deus intervém em favor dos oprimidos e retira o poder de seus opressores.

SENSAÇÃO DE LIBERDADE
Em sintonia comigo mesmo

Liberdade é uma virtude. Foram os filósofos os primeiros a dizer que o homem é livre. Ele tem livre-arbítrio. Todavia, eles também sabiam que essa liberdade também é sempre limitada, por nossos referenciais de vida, pela rigidez de nossa educação e pelos limites que nosso caráter nos impõe. A filosofia fala sobre a liberdade *de* e a liberdade *para*. Por conseguinte, a meta de uma personalidade madura é libertar-se do domínio das próprias emoções e necessidades, como também do poder e das expectativas das outras pessoas, como também não se deixar determinar pelo próprio egoísmo. O papel positivo da liberdade é: existir *para* um fim, engajar-se *para* o bem do semelhante, comprometer-se com o amor.

Devemos diferenciar a virtude da liberdade da sensação de liberdade. Não se trata da questão de como me tornarei livre, ou se sou livre ou, ainda, se escolho livremente, mas, sim, se me sinto livre. Às vezes, podemos ter essa experiência: De que nos sentimos totalmente livres. Assim sendo, não nos orientamos segundo a opinião das pessoas. É um sentimento maravilhoso: Eu não giro em torno da questão do que os outros pensam sobre mim ou de como me julgam. Eu, então, sou livre para ser inteiramente eu mesmo. Sensação de liberdade significa sempre: estar em sintonia comigo mesmo. Sou livre para ser quem sou de fato. Sou como sempre fui, sou autêntico.

No trabalho de aconselhamento espiritual, atendi um padre que recorrentemente era assaltado pelo medo. Ele me contara que, certa vez, se sentiu totalmente livre por alguns segundos durante a meditação. Isso foi uma felicidade para ele, pois sentiu que o medo não tinha controle sobre si. Naquele momento o padre foi totalmente ele mesmo. Sem a pressão de ter de se afirmar perante os outros, sem o medo de não conseguir corresponder às expectativas dos outros. A sensação de liberdade nos amplia o coração e nos inspira. Nós nos sentimos livres para nos voltarmos para a vida.

Sensação de liberdade significa sempre: estar em sintonia com meu próprio eu. Sou livre para ser quem sou de fato. Sou como sempre fui, sou autêntico.

Fascinado pela sensação de liberdade era, sobretudo, o poeta alemão Friedrich Schiller. Para ele, o soldado era o ideal de homem livre: "Só aquele que sabe arrostar a morte/ O soldado é o único homem livre"[7]. E consta em outro poema: "Livres fomos criados, livres somos/ ainda que em cadeias nascidos"[8]. A experiência da liberdade é a extraordinária experiência do ser humano. Quando alguém compreende isso, não só na cabeça, mas também no coração, reconhece sua dignidade enquanto pessoa e segue retamente pela vida. Ele não teme entrar num grupo de pessoas, tampouco falar em público. Ele é capaz de se apresentar do jeito que é. Ele não é dominado por seus próprios medos nem pelas expectativas dos outros. Ele fala e se comporta tendo sua liberdade pessoal como ponto de partida. No caso de algumas pessoas, é possível perceber que são livres internamente. Elas não se sentem obrigadas a se afirmarem. Elas simplesmente vivem,

Esse sentimento nos amplia o coração e nos inspira. Nós nos sentimos livres para nos voltarmos para a vida.

são o que são, pessoas verdadeiramente livres. Conhecer pessoas assim é, em si, uma experiência libertadora e prazerosa.

---

7. Trecho do poema *Reiterlied,* Canção dos Cavaleiros de Wallenstein, ano de 1797 [N.T.].

8. Trecho do poema *Die Worte des Glaubens* (As palavras da fé, ano de 1798) [N.T.].

SENTIMENTO DE CULPA
A força do perdão

Quem quiser saber o que é o sentimento de culpa, primeiramente tem de esclarecer o que entende por culpa. Quando nos perguntamos qual é o real significado de culpa, a própria palavra alemã, *Schuld*, pode nos auxiliar. Esta palavra origina-se do verbo *sollen* (ter o dever de). Como pessoa, tenho determinados deveres. Devo algo a mim, a meus semelhantes e a Deus. Torno-me culpado quando fico devendo algo a mim mesmo, ou a uma pessoa, ou a Deus, ou à criação, quando não dou ao próximo ou a Deus o que lhes devo. A mim devo que eu mesmo me aceite, que lide bem comigo, que não me prejudique, que não me deixe perecer adotando uma vida insalubre. A mim devo que eu desenvolva as potencialidades que Deus me deu, que viva também a minha mais profunda essência, a minha verdadeira personalidade, podendo ser eu mesmo e não copiando os outros. Ao próximo, devo que eu lhe considere e o aceite como é, que eu o deixe viver, garantindo-lhe o espaço necessário para que ele possa ser ele mesmo. E, bastantes vezes, eu lhe devo ajuda, quando ele mesmo não puder se ajudar. A Deus, devo que eu diga *Sim* para mim mesmo, do jeito que ele me fez, que eu diga *Sim* à minha natureza, que só se consumará quando chegar até Deus. E eu devo a Deus que eu considere sua criação, na qual Ele me inseriu, a fim de cuidá-la e preservá-la.

Tendo como ponto de partida a psicologia de C.G. Jung, poderíamos entender a culpa como cisão. Torno-me culpado quando me divido internamente, quando me recuso a examinar minha própria realidade da forma como é, quando reprimo o que me é desagradável e quando desvio o olhar, conscientemente, em momentos em que minha intuição quer me dizer alguma coisa. Nesse caso, a culpa tem algo a ver com cegueira; eu fecho os olhos, diante da minha realidade e também da realidade do outro. Eu me identifico tão intensamente com os cegos que fiz de mim e dos outros, de modo que fico igualmente cego para a realidade. Frequentemente nossa própria culpa não se encontra onde julgamos que esteja. No confessionário, quando pessoas jovens confessam que comeram carne, na sexta-feira, ou que brigaram com os pais, percebo exatamente que não é essa a verdadeira culpa que sentem. Procuro, então, perguntar ao confessando onde ele falha, onde ele não tem muita consciência de si mesmo. Às vezes isso já se mostra em seu próprio corpo. Quando alguém segura fortemente em seu próprio ombro, então, percebo: Sua culpa não reside no fato de que ele comete erros, mas, sim, porque não há fé que o sustente, porque ele não se permite mergulhar em Deus. Minha própria culpa reside ali, onde eu me recuso a aceitar minha condição humana, minha história de vida, minhas potencialidades e meus limites; ali, onde faço incessantes acusações a Deus por eu não ser como gostaria. A culpa consiste na cisão que se dá entre o que é e o que eu gostaria que fosse; entre o que Deus preparou para mim e o que eu persigo como ideia fixa e, com isso, sempre bato contra a parede. Muitas vezes não é tão fácil reconhecer onde está a minha culpa. Somente quando me esforço para ver onde eu vivo ao largo de mim mesmo e de minha realidade, quando me forço a entrar no colete das minhas ideias é que posso mudar e, assim, viver de modo que minha vida tenha êxito, seja sã e completa.

Muitas vezes os sentimentos de culpa também são expressão de falta de clareza e de autoconfiança.

E como isso é com os sentimentos de culpa? Nem sempre os sentimentos de culpa demonstram verdadeira culpa. Muitas vezes eles são, principalmente, expressão de falta de clareza e de falta de autoconfiança. Muitos se sentem culpados porque o próprio *Super-Eu* as denuncia. Eles internalizaram tanto as ordens e os valores dos pais que só conseguem se libertar deles através do sentimento de culpa. Uma jovem mulher que, quando criança, sempre era obrigada por sua mãe a trabalhar, sente-se culpada quando descansa e desfruta de alguma coisa. Alguns se sentem culpados por não corresponderem às expectativas do cônjuge, dos amigos, dos colegas de trabalho. Outros logo se julgam culpados pelos sentimentos de ódio e inveja que surgem em seus corações. Eles se punem, através de sentimentos de culpa, quando percebem agressividade em si mesmos. Em vez de examinarem a agressividade e a integrarem à sua concepção de vida, eles a direcionam a si mesmos. O papel da psicologia e também de uma boa assistência pastoral consiste em fazer a diferença entre sentimento de culpa e verdadeira culpa. Quando me penalizo por sentimentos de culpa, na maioria das vezes não consigo me distanciar de um comportamento falho. Por trás da culpa, preciso perceber minha demanda e minha própria mágoa, aí posso aprender a lidar, de forma criativa, com minha culpa. Eu lhe retiro a base sobre a qual sempre me faço culpado. Aprendo um novo comportamento, que me faz bem.

O risco é se fixar ao comportamento falho, através dos sentimentos de culpa. Um outro perigo consiste em reprimir meus sentimentos de culpa e projetá-los em outras pessoas. Esse é hoje em dia um mecanismo amplamente disseminado. As pessoas procuram, por assim dizer, um bode expiatório sobre o qual depositam todas as suas culpas. Em seguida, o bode expiatório é abatido. Mas isso não me liberta de meus sentimentos de culpa. Portanto, tenho de procurar meu próximo bode expiatório. Para se sair desse círculo vicioso, seria importante assumir sobriamente sua própria culpa e, ao mesmo tempo, confiar que Deus perdoa a sua culpa. Mas igualmente importante é que eu também perdoe a mim mesmo pela culpa. Entretanto, isso só dá certo quando eu me despeço da idealização que trago em mim: que sempre usarei um traje branco a vida inteira. Querendo ou não, vez por outra, nos sentiremos culpados. Fundamental é que desviemos os olhos de nossa culpa para a misericórdia de Deus e que utilizemos nossa culpa para nos tornarmos igualmente misericordiosos para com as outras pessoas, em vez de julgá-las ou projetar nossa culpa sobre elas.

Numa entrevista, perguntaram a Tomi Ungerer, o famoso cartunista da Alsácia, se ele ainda era religioso. Ele dissera que não. Mas rezaria toda noite. Isso seria para ele uma necessidade. Então, começou a falar sobre o perdão: "Mesmo se Cristo não for o filho de Deus – isso é uma revolução danada: O perdão. Meu Deus, o perdão! Isso é o melhor que podemos fazer nessa comédia humana". Em vez de nos culparmos, deveríamos nos perdoar. E para retirar de nossos ombros a culpa que outros sobre eles depositaram, em vez de responder com ódio e dureza, devemos perdoá-los. Pois em nossa convivência humana – que Ungerer chama de comédia – não há caminho melhor para se poder viver em paz com os outros do que perdoar. Mas, muitas vezes, essa capacidade de perdoar está encoberta em nossa alma por uma resistência ao perdão. Temos em nosso íntimo, para tudo, uma profunda convicção de que tudo tem de ser expiado, inclusive a culpa. Faz-se necessária uma imagem redentora, para que possamos superar a resistência ao perdão que jaz nas profundezas de nosso inconsciente. Na cruz, quando o próprio Jesus perdoa seus assassinos, podemos acreditar que não há nada em nós que não possa ser perdoado por Deus e que nós mesmos podemos nos perdoar. À medida que assimilamos imagens de redenção, exemplificadas na vida de Jesus e a nós demonstradas claramente em suas parábolas, tornamo-nos capazes de acreditar no perdão e perdoarmos tanto a nós mesmos como aos outros.

Sentimento de vazio
Direcionamento ao essencial

Vinculam-se à experiência de vazio as mais diferentes vivências e juízos, bem como características emocionais contrastantes. Há o espanto, diante do franco abismo do nada, ou o sentimento de tédio, mas também a experimentação da serena abertura para o mistério. Tal experiência pode ser compreendida enquanto meta de um caminho espiritual, porém, em outras culturas, ela pode ter significados bastante distintos.

No budismo, a meta do caminho espiritual consiste em atingir o vazio interior. Nesse caso, o vazio tem um significado positivo. Vazio quer dizer que estou livre de meus próprios desejos, livre das ideias criadas acerca de mim mesmo e de Deus. Esse vazio é a condição para se abandonar em Deus completamente. Também Mestre Eckhart, poeta e místico cristão alemão, fala sobre esse vazio enquanto lugar onde Deus pode estar em nós. Não é o espaço em que mobilizamos Deus para nossa felicidade, e, sim, onde deixamos que Deus seja Deus. E esse é o lugar onde nos tornamos vazios de nós mesmos, onde nos libertamos do ego, e que Deus também ainda gostaria de ganhar para si. No vazio, não temos nada nas mãos. À medida que nos tornamos vazios de Deus, também experimentamos a abertura para o Deus que se oferece a nós por misericórdia.

Por outro lado, quando falamos sobre o sentimento de vazio, em nossa linguagem corriqueira, queremos dizer outra coisa. Trata-se do sentimento de que tudo é vazio, de que nosso coração está vazio, de que não sentimos mais nada. Não conseguimos ficar alegres nem sentir tristeza. Todos os nossos sentimentos parecem estar mortos. Não vemos nenhum sentido em nossa vida. Nada nos entusiasma. Tudo tem um caráter insosso e monótono. Nós apenas atuamos, mas, por detrás de qualquer ocupação, abre-se um enorme vazio que nos amedronta e nos impele a preenchê-lo com cada vez mais atividades. Quando, no silêncio, olhamos para dentro de nosso coração, estacamos num espaço vazio. E esse vazio nos intimida. O melhor é fugir desse lugar. Ele é insuportável.

O refúgio nas atividades em excesso devido ao trabalho também provoca um vazio interior. Igualmente muitos experimentam esse vazio durante as orações. Tudo que até agora guardavam em seu coração, está vazio. Quando meditam, não sentem mais nada. Um homem me contou que sumiram todas as experiências boas: nos cursos de que participou, o sentimento de ser sustentado na meditação, a alegria durante a celebração da missa; tudo isso desapareceu. Tudo que sente é estar vazio de Deus. E ele sofre com esse vazio.

Numa conversa com uma mestra zen sobre espiritualidade cristã e budista, discuti com ela a respeito das experiências que temos em meditação nessas duas vertentes. Expliquei a ela que medito com a Oração de Jesus. A palavra conduz-me – como dizem os monges primitivos – ao mistério sem palavras de Deus. Mas esse espaço de silêncio é, para mim, um espaço de amor.

Bastante coisa me parecerá vazia quando atingir a verdade de minha vida através de meu vazio.

Então ela disse: "Amor é muito desgastante". Perguntei o que ela experimentava então: "Vazio". Respondi: "Vazio é frio demais". Fomos nos aproximando no desenrolar da conversa. Ela havia confundido amor com um sentimento. Se preciso ter sempre intensos sentimentos, durante a meditação, isso é de fato desgastante. Para mim, amor é uma característica do ser, uma fonte de amor que emana do fundo de minha alma. Quando mergulho nesse espaço de amor, sinto-me seguro, apoiado, acolhido e amado.

Como podemos interligar essas duas experiências de vazio? Se me sinto vazio internamente, não luto contra isso. Permito o vazio. Ele me mostra que, no momento, nada me completa, nem o trabalho, nem as relações com pessoas queridas que, via de regra, são importantes para mim. Elas não preenchem esse vazio interior. Até o reconhecimento ou o afeto das pessoas não suplanta esse vazio. Quando rezo, sinto um vazio. Permito esse sentimento de vazio. Eu digo: Nada me satisfaz. No momento não tenho nada que pudesse preencher esse vazio: nem amor, nem música, nem sucesso ou bens materiais, sim, nem mesmo a oração ou a missa. Tudo em mim é vazio. Não sinto nada. Quando permito esse sentimento, o vazio que parece ser tão opressivo subitamente pode se transformar num vazio que me abre para o mistério de Deus. No vazio nada trago nas mãos. Assim, no vazio, posso abrir-me ao Deus inconcebível. O vazio me mostra que nada terreno é capaz de preencher esse vão em meu interior. Só Deus. Mas não o meu Deus pessoal, Ele não preenche meu vazio com bons sentimentos. Pelo contrário, no vazio liberto-me justamente de todas as ideias que criei de Deus e de mim mesmo e

A experiência do vazio me ensina a descobrir o verdadeiro gosto pela vida.

me entrego ao Deus, para além do vazio, ao Deus sobre o qual nada mais posso dizer, mas apenas calar. O vazio que mal posso suportar, portanto, se transforma num vazio que me conduz às dimensões mais profundas do ser, que me leva ao essencial, à minha natureza para além de cada imagem e ao Deus que excede qualquer ideia.

Todavia, muitas pessoas lidam com seu vazio de maneira diferente. Elas preenchem seu vazio com muitas atividades. Alguma coisa sempre tem de estar acontecendo, eu preciso estar sempre ocupado para não sentir o vazio interior. Entretanto, essa fuga do próprio vazio, em algum momento, acaba levando ao estresse. A pessoa precisa estar constantemente fazendo alguma coisa, envolvida com novas atividades, a todo instante, para tapar o vazio interior. Blaise Pascal enxergara isso com clareza: "Nada é tão insuportável ao homem como estar em pleno repouso, sem paixão, sem ocupação, sem diversão, sem aplicação. Ele sente, então, o seu nada, o seu abandono, a sua insuficiência, a sua dependência, a sua impotência, o seu vazio. Sem moderação sairão do fundo da sua alma: o cimento, a melancolia, a tristeza, a aflição, a raiva e o desespero".

Mas o vazio não se deixa abafar. Quando estou sozinho, deitado na cama, ele reaparece. Ou então quando viajo sozinho de trem, ele ressurge. O sentimento de vazio também tem um sentido. Devo me familiarizar com meu sentimento de vazio e perguntar-lhe o que está querendo me dizer. Ele então me conduzirá ao essencial de minha vida. Bastante coisa me parecerá vazia quando atingir a verdade de minha vida através do meu vazio; ele me ensina a descobrir o verdadeiro gosto pela vida e a ser diligente em meu viver. E o vazio me conduz ao inconcebível mistério de Deus, que por mim não se deixa compreender, mas quer reinar em mim.

SERENIDADE
Confiança aliada à esperança

A serenidade volta-se cheia de esperança para o futuro. Num tempo em que, face a reais dificuldades e imensos problemas, não só se propagam mais resignação e insatisfação, como também o *boom* de clarividentes e pessimistas empenhados em evocar um futuro apocalíptico, temos uma premente necessidade da emoção de serenidade. Profecias que anunciam o fim do mundo encontram grande ressonância em nossos dias. Naturalmente que ninguém pode garantir que nosso mundo continue em equilíbrio por muito tempo ainda, e que sobreviva às imprudências humanas. Mas o prazer em profetizar o fim dos tempos fala mais sobre a psique do autointitulado profeta do que sobre a realidade de nosso planeta. Porque eles experimentam suas vidas como uma só catástrofe e, inconscientemente, cultivam esse desejo de que essa vida fajuta tenha fim o mais breve possível; eles projetam no mundo sua própria situação e aguardam seu fim – e isso o mais rápido possível. Assim, sua destrutividade interior se expressa, em sua imaginação, num cenário com as mais vivas cores. Pelo fato de o medo do futuro hoje em dia ser tão disseminado, tais falsos profetas atingem um lugar sensível, na alma humana, e, assim, ganham poder sobre inúmeras pessoas receosas. Nesse caso precisaríamos, sem falta, da postura de serenidade e confiança.

Em língua alemã, a palavra *Zuversicht* (serenidade) origina-se de *sehen* (ver): acompanhar com os olhos o que se passa. Dentro de uma compreensão espiritual, essa postura significa, portanto, que eu assisto como Deus direciona e comanda tudo, como Ele envia seus anjos para não entregar esse mundo ao mal, e, sim, para transformar tudo em bem. Tendo uma serenidade assim, não me deixo abalar por prognósticos pessimistas. Porém, isso não significa que eu coloque uns óculos com lentes cor-de-rosa para fugir da realidade. Eu não crio ilusões acerca da situação do mundo. Eu reconheço o que há. Mas não me resigno. Pois eu sei que este mundo está nas mãos de Deus e que os seres humanos não têm a última palavra sobre ele. A serenidade enxerga, além dos acontecimentos, além dos problemas que as manchetes das mídias impõem. Além disso, ela distingue em tudo que é externo a

A serenidade é a certeza de que um futuro bom nos aguarda e que vale a pena também tomar parte dele.

mais profunda realidade de todas as coisas, ela vê o fundo das coisas. Ela confia no anjo de Deus que nos acompanha neste mundo e que estende sua mão protetora sobre nosso país, sobre nosso Planeta Terra e, justamente por essa perspectiva, ganha a força necessária para a organização participante e criativa da própria vida e deste nosso mundo.

Serenidade é aliada à confiança e à esperança. Quando alguém é pleno de serenidade, ele fala com segurança sobre o futuro. Ele tem uma visão otimista em relação ao que nos acontecerá. A serenidade é, então, a certeza de que um futuro bom nos aguarda e de que vale a pena também tomar parte nesse futuro. Que a serenidade esteja relacionada a "ver", reforça a minha postura face ao mundo: Abri meus olhos e caminho de olho no futuro. Entretanto, também vejo aquilo que está por vir juntamente com o que já aconteceu, ou seja, a partir do que eu vi até o dado momento.

A palavra alemã *Zuversicht* (serenidade) é formada por três palavras. Primeiramente, *sehen* (ver): Serenidade requer uma visão prática da realidade. A preposição *ver* corresponde às palavras latinas *pro* (para) e *per* (por): É um ver *pelos* outros. Ou seja, eu olho, precisamente, no lugar de todos aqueles que ainda estão com os olhos fechados. Não fico preso a um segundo plano. Eu enxergo além e olho mais profundamente – no fundo das coisas. Além dessa, há estranhamente uma segunda preposição, *zu*, ou seja, o direcionamento para um objetivo, para um tempo futuro ou para um acontecimento que ainda está por vir. Eu enxergo para alcançar uma meta, mas não sozinho, e, sim, junto com outros. Dessa maneira, a serenidade é, então, uma emoção que não só nos proporciona autoconfiança, como igualmente contagia os outros, estabelece um objetivo coletivo e também nos permite a todos nós alcançá-lo.

SOLIDÃO
Oportunidade para crescimento

Nos dias de hoje muitas pessoas sofrem por causa de sua solidão. Elas se sentem sem abrigo, sem proteção, isoladas. A solidão é horrível, se vivo sem relacionamentos, se não me relaciono com pessoas, nem com Deus, nem comigo mesmo, nem com a criação. Assim, me sinto realmente sozinho, abandonado por todos, até pela própria mãe. Quando, hoje, falamos em solidão ou em ser sozinho, na maioria das vezes isso tem um aspecto negativo. Mas a solidão essencialmente faz parte da natureza humana. Cada ser humano é único. E, em qualquer vida, há situações nas quais me sinto sozinho, nas quais tenho de seguir só o meu caminho. Mais tarde terei de cruzar sozinho o portão da morte.

Poetas e pensadores enxergaram a solidão de forma mais positiva. Ela faz parte do ser humano. Paul Tillich, teólogo evangélico, diz: "Religião é o que cada indivíduo faz com sua própria solidão". Portanto, fé não tem somente a ver com segurança, mas é, principalmente, a tentativa de escapar da solidão e de se saber amparado, acompanhado e protegido por Deus. Também o político e místico sueco, Dag Hammarskjöld, diz: "Ore para que a sua solidão possa estimulá-lo a encontrar algo para viver, grande o suficiente para morrer". Quando, em minha solidão, fico dando voltas em torno de mim mesmo e do fato de estar sozinho, isso não me faz bem. Mas se enxergo a solidão como um desafio a entrar em relação com algo que seja maior que eu, aí ela passa a ter um novo significado. Ela, pois, me impulsiona na direção de Deus ou, então, na de uma obra que possa servir às pessoas.

Em alemão, as palavras *einsam* (solitário) e *allein* (sozinho) estão diretamente relacionadas. Ambas têm a ver com a palavra *eins* (um). Não é somente a ideia de indivíduo, mas também da qualidade do homem. O homem é chamado a *tornar-se um*. Originalmente, as duas palavras alemãs têm uma conotação positiva: O sufixo *sam* originariamente pressupõe a ideia de estar em conformidade com algo, correlacionado. O solitário é, portanto, aquele que está em conformidade consigo e com sua unidade interior; que é ele mesmo inteiramente. De modo semelhante, pode-se definir a palavra *allein* conforme Peter Schellenbaum, que fala sobre como é maravilhoso ser *all-eins*, quer dizer, *ser um só* com tudo que há. Quem, em sua solidão, *se torna um* com tudo, não sofre por isso, e, sim, está em consonância consigo mesmo e com tudo que existe; ele está em consonância com Deus, no que tange ao fundamento de sua alma, e com todos os seres humanos.

Hermann Hesse, o poeta suábio, examinou profundamente o tema *solidão* em seus poemas. São dele os versos: "Viver é ser solitário. Nenhuma pessoa conhece a outra, cada qual está sozinho". A solidão, portanto, pertence essencialmente ao homem. Há esferas em que o outro não me conhece, nem mesmo o meu cônjuge. No casamento também existe ser solitário. Em outro poema, Hesse desenvolve o que *Einsamsein* (ser solitário) e *Alleinsein* (estar sozinho) significa:

> De dois em dois, três em três,
> indo a pé ou a cavalo,
> o último passo – sozinho
> hás de dá-lo.
>
> Não há, portanto, saber
> nem poder algum melhor
> do que o difícil a gente
> fazer só.

Em todos os contatos que temos, em todas as nossas viagens e passeios, bem como nas demais atividades que realizamos juntos, não devemos nos esquecer de duas coisas: O último passo de nossa viagem, teremos de dar sozinhos. É o passo sobre o limiar da morte. E o ápice da sabedoria consiste em saber que temos de fazer sozinhos tudo o que é difícil. O que no coração realmente nos move, para que a nossa consciência nos direcione, isso temos de fazer sozinhos. Não podemos deixar a decisão para outros. Temos de nos decidir inteiramente sozinhos e assumir a responsabilidade por isso.

Todo aquele que assume a responsabilidade no lugar de outros, seja numa empresa, numa associação, na política, seja na família, sempre experimenta uma solidão interior. Ele não pode esclarecer aos outros tudo o que ele faz. Ele os escuta, ele se aconselha com eles. Mas aí chega o momento em que ele tem de tomar uma decisão. E tem de ser sozinho. Isso faz com que se sinta solitário. Há searas onde ninguém pode acompanhá-lo. Aqui esbarramos num mistério que não podemos explicar aos outros com palavras. Friedrich Nietzsche fala sobre essa experiência: "Quem conhece a última solidão, conhece as últimas coisas". A solidão nos conduz ao fundo de toda a existência. Lá, entramos em contato com o mistério do mundo, com o mistério de Deus e com nosso próprio mistério.

Quando vejo minha solidão como desafio relacionado a penetrar algo maior que eu, então, ela ganha um outro significado.

Solidão é um polo de nossa humanidade. A ela vale ser aceita como desafio de nos *tornarmos um* conosco mesmos, de encontrarmos nossa identidade e, ao mesmo tempo, irmos superando nossos limites até chegarmos a Deus. Quem se posiciona diante de sua solidão, experimenta-a como um lugar onde se assumem todas as relações. Por isso, a solidão só pode ser vivida de modo fecundo se, ao mesmo tempo, experimentamos segurança. Na solidão, por vezes, podemos experienciar que somos guiados por Deus, pelo mundo, que não estamos sem abrigo nele, mas protegidos, porque esse mundo é imbuído do próprio Deus.

A palavra alemã *Geborgenheit* (segurança; proteção; abrigo), origina-se de *bergen* (abrigar, pôr a salvo). Ela nos dá a ideia de sermos colocados em segurança num esconderijo cercado de montanhas e por elas protegido. *Geborgenheit* pressupõe segurança, sentir-se guiado, abrigado e protegido. Psicólogos garantem que, em tempos atuais, cada vez mais pessoas se sentem desamparadas. Elas não têm nenhum lugar, externo ou interno, onde se saibam protegidas, abrigadas. Elas se sentem à mercê dos ataques internos e externos. Também nesse caso é proveitoso vivenciar segurança; pelo menos uma vez em si mesmo, sentir em seu íntimo o refúgio interno ao qual os inimigos que atacam – sejam pessoas reais ou pensamentos e emoções perturbadoras –

não têm acesso. Quem experimenta essa segurança pode ficar bem, sozinho. Ele desfruta de sua solidão. Ele não é solitário, mas, sim, *um só* consigo mesmo, com o mundo e com Deus.

SURPRESA
Inesperadamente abençoado

Quando, depois de um longo tempo, um amigo nos telefona, muitas vezes dizemos: Mas que surpresa! Ou uma amiga nos presenteia com alguma coisa: desembrulhamos e ficamos surpresos com o presente, não esperávamos um presente desses! Às vezes a chuva também nos surpreende durante um passeio. Não contávamos com isso. Ou, então, nos surpreendemos com um arco-íris que, depois, aparece no céu. A surpresa consiste em que algo inesperado nos deixe admirados.

Ficamos contentes quando podemos preparar uma surpresa para uma pessoa. Seu rosto se ilumina. Ela fica feliz com o inesperado. E nós ficamos felizes junto com ela. Porém, também há pessoas a quem não se pode surpreender com mais nada. Elas não saem mais de sua rotina. Mesmo quando algo inesperado vem ao seu encontro, elas não conseguem ficar felizes com isso. Elas não expressam surpresa. Em sua concepção de mundo não há espaço para nada de novo que pudesse surpreendê-las. Elas agem conforme o versículo do Eclesiastes: "Nada há de novo debaixo do sol". E isso tem um tom resignado e depressivo.

Em linguagem coloquial, por vezes, usamos *surpresa* também com uma conotação negativa. Quando alguém, do nada, resolve nos acusar de termos feito algo de errado, então, dizemos: "Me surpreende muito que agora você esteja dizendo isso para mim". Não esperávamos uma crítica ou uma rejeição dessas. Acreditávamos que nossa relação fosse boa e que o projeto em conjunto tivesse corrido bem. Estamos surpresos de que o outro, de súbito, mostre sentimentos que de sua parte não esperávamos. Ou, então, ficamos surpresos de que

Nossa alma fica repleta de admiração e gratidão quando, subitamente, ficamos contentes por algo com o qual não contávamos.

ele de repente veja como negativo o que acreditávamos ser positivo. No entanto, em língua alemã, a conotação original da palavra *Überraschung* (surpresa) é positiva. Surpreendemos o outro com um presente, com uma visita, com um reconhecimento que ele não esperava.

Falamos também em surpresa divina. Nem orando ou meditando podemos ter a experiência de Deus, embora estes sejam meios para nos prepararmos para ela. Mas, se Deus aparecerá para nós ou não, isso é uma coisa separada. É graça que não podemos obter. No entanto, às vezes, Deus vem ao nosso encontro inesperadamente. É quando, por exemplo, saímos para passear, mergulhados em nossos pensamentos, e, de repente, o sol lampeja entre as nuvens. Ou, então, quando ouvimos um ruído na mata, que nos impressiona profundamente. Não é um ruído qualquer. É como se fosse uma resposta espontânea ao intenso diálogo interno que travamos durante a caminhada. De uma hora para outra, temos a impressão de que tocamos em Deus e de que, no ruído, Ele nos dá uma resposta. Recorrentemente há também, em meio a nossa rotina diária, experiências inesperadas que podemos interpretar como surpresas divinas. É quando esbarramos, na cidade, com aquele amigo que não víamos há tanto tempo. E logo se entabula uma ótima conversa. A surpresa sempre nos suscita admiração e gratidão. Repentinamente recebemos uma graça sem que estivéssemos esperando por isso.

TÉDIO
Convite a despertar

Não são só os alunos que experimentam isso: Os pensamentos facilmente se desviam, porque a matéria dada pelo professor não prende sua atenção. Por vezes achamos um filme ou peça de teatro tediosos, quando não nos agrada o que é apresentado. Um livro pode nos entediar ou a companhia de alguém que "não nos diz nada". Achamos tediosas conversas e palestras que não nos inspiram. Ficamos entediados nas tardes de domingo porque nada acontece.

A palavra alemã *Langeweile* (tédio) é composta por *Lange* (longo) e *Weile* (um lapso de tempo) que, em realidade, se refere a "sossego, descanso, pausa". Essa é uma ideia, a princípio, positiva. Mas quando o sossego se estende demais, ele se torna tedioso. Sentimos que ele é monótono e negativo porque, aparentemente, "nada acontece". Nietzsche, certa vez, chamara esse estado desagradável de "calmaria da alma". Não obstante, o tédio, nesse sentido negativo, pouco tem a ver com o longo tempo, mas, sim, com a incapacidade de *estar* presente, no tempo, com plena consciência disso. Quando *estou* plenamente presente no momento, ele não é tedioso. Mas se não sei o que fazer comigo mesmo, entedio-me até quando fico sozinho apenas por alguns minutos ou, então, quando há uma pausa no trabalho. O tédio sempre é, portanto, expressão da alma; a alma fica entediada porque é incapaz de apreciar o momento, o sossego, a pausa. Pesa sobre ela a obrigação de ter sempre de fazer alguma coisa; o tempo isento de exigências, compromissos e tarefas que, a nós motiva adversamente, provoca-lhe um imenso vazio.

A questão é como lidamos com o tédio. Os monges primitivos o descreveram com o termo *Akedia*, por eles compreendido como não ser capaz de estar presente no momento. Quando não sou capaz de estar completamente consciente do que estou fazendo no momento, seja no trabalho, durante as orações ou nas horas de lazer, tudo se torna entediante para mim. Meus afazeres, minhas preces e também a ociosidade se tornam sobremaneira tediosos. Não sou capaz de desfrutar do ócio. Os monges aconselham, então, a resistir ao tédio e a indagá-lo. Se questiono meu tédio, descobrirei, no fundo dessa emoção, desejos imoderados em relação à vida. Porque não sou o melhor, porque

> *O tédio sempre é expressão da alma, que se entedia por ser incapaz de apreciar o sossego, a pausa.*

tudo não é maravilhoso, entedio-me. Muitas vezes nem sei o que quero. Com frequência, são desejos infantis por um jardim de delícias. Mas para o entediado até mesmo a terra do leite e do mel é entediante. Porque até o consumo do que lhe é dado, de mão beijada, pode se tornar tedioso. Por isso, o tédio é, de fato, um convite a despertar e a reconhecer, com gratidão, o que se apresenta. Quando estou em contato comigo mesmo e com as coisas, nada é entediante. Mas se estou desconexo de mim mesmo, também não serei capaz de estabelecer verdadeira relação com as coisas, com o momento e com as pessoas. Pois, assim, nada mais me toca. E se nada mais me toca, não sou capaz de sentir nada além de tédio.

Não precisamos ter sempre de fazer alguma coisa. Quando estou presente no momento, não há tédio.

TRANQUILIDADE
Estar em equilíbrio

Mestre Eckhart, o grande místico alemão da Idade Média, definiu o conceito de *Gelazenheit* (*Gelassenheit* em grafia atual; tranquilidade). Para ele é, antes de tudo, uma virtude, uma postura que devemos desenvolver. Porém, esse sentimento só se apresenta quando aprendemos a ser tranquilos. Sinto-me tranquilo quando me desprendo de mim mesmo, quando já não me apego mais às minhas próprias necessidades e desejos. Abandono minhas ilusões, as imagens que criei acerca de mim mesmo e dos outros. Livro-me da pressão à qual submeto-me frequentemente; encaminho-me tranquilo para uma reunião de trabalho. Nesse sentido, a tranquilidade é sinônimo de paz interior.

Tranquilidade é, também, a postura de deixar as coisas e as pessoas serem como são. A pressão contínua que sofremos nos dias atuais quer nos obrigar a mudar tudo. Tranquilidade tem a ver, sobretudo, com a certeza de que está tudo bem com as coisas e as pessoas sendo como são, que elas podem ser o que são. Ao mesmo tempo entranhada na tranquilidade está a esperança de que algo nelas se transforme, de que algo venha a brotar em seus corações, de que possam estar de acordo com a imagem que Deus lhes preparou. Mas não tenho de modificá-las. Posso deixá-las assim e confiá-las às graças de Deus, bem como às possibilidades de desenvolvimento, que existem em todo ser humano.

Tranquilidade requer tempo. Ela não suporta a pressa. Tenho de dar-me tempo para ser tranquilo diante das coisas. Preciso de tempo para me preparar para uma conversa ou um encontro. Dar-se tempo é o contrário de usar o tempo, de se deixar determinar pela pressão dos compromissos com hora marcada. À medida que me dou tempo, liberto-me do domínio do tempo. Levo o tempo a sério. Desfruto dele. O tempo me foi dado de presente. Esqueço a pressão para tudo que ainda tenho a resolver dentro de pouco tempo. Deixo que o tempo flua e dele tomo consciência. Tempo é sempre tempo dado; tempo, que a Deus e a mim pertence e do qual participo com minha essência verdadeira.

Sereno é somente aquele que encara com liberdade interior tudo o que vem ao seu encontro.

Tranquilo é somente aquele que se está em equilíbrio. Entretanto, muitas vezes permitimos que nos tirem do prumo. Irritamo-nos por coisas pequenas; estamos sempre cercados de pessoas e acabamos nos deixando influenciar por elas. Quem

Permitir possibilita que se manifestem as coisas mais extraordinárias.

se encontra tranquilamente em equilíbrio também é capaz de olhar, com tranquilidade, para as pessoas e suas diferenças; ele as percebe sem julgá-las, deixa que sejam como são e se compraz com as diferenças individuais. Aquele que não tem equilíbrio permite que qualquer pessoa o force a seguir numa outra direção. Assim sendo, não demora que se sinta dilacerado por dentro, em frangalhos, de tanto se abater com as contínuas opiniões, expectativas e sentenças alheias. Tranquilidade requer sempre que eu sinta a mim mesmo, atinja meu equilíbrio e deixe os outros, lá onde estão, sendo o que são.

Tranquilidade significa libertar-nos das expectativas e exigências que impomos a nós mesmos. Muitas pessoas se encontram constantemente sob pressão. Submetem-se à pressão por eficiência em tudo o que fazem. Ou ainda ficam se comparando com os outros. Não conseguem se dedicar inteiramente ao momento presente, porque sempre fazem conjecturas sobre o que os outros poderiam estar pensando a seu respeito nesse instante. São incapazes do real empenho na atividade que se propõem a realizar. Em seu trabalho, essas pessoas sempre têm propósitos secundários. Elas não trabalham simplesmente, e, sim, querem se autoafirmar em seu trabalho; querem, com isso, superar as outras pessoas. Esses perturbadores pensamentos paralelos as impedem de realizar, com tranquilidade, a tarefa que acabou de lhes ser incumbida. É tranquilo somente quem está consciente de si mesmo, livre dos pensamentos com os quais, permanentemente, submete sua pessoa e sua ação a julgamento.

Foram principalmente os sábios chineses que pregavam sobre a tranquilidade. Eles acreditam que o essencial se manifeste quando abandonamos nossas próprias intenções. Eles estão em conformidade com o Tao, em conformidade com a vida. Servem à vida para que ela possa se manifestar do modo como Deus a preparou. Recusam-se a enquadrar a vida dentro dos próprios critérios. O filósofo chinês Tchuang-tseu assim fala sobre a antiga sabedoria que materializava a tranquilidade: "Aceitavam tudo como viesse. Aceitavam a morte com toda alegria. Sem lamentação, seguiam adiante, para lá, para o outro lado". Tranquilo é somente aquele que encara, com liberdade interior, tudo o que vem ao seu encontro. Quem assimilou essa tranquilidade nota o sentimento de tranquilidade no âmago do ser. Nada é capaz de retira-lo da calma tão facilmente. Encara tudo com esse sentimento interior de profunda tranquilidade. Ao seu redor, os outros também se sentem bem. Eles têm a sensação de que podem ser como são, que isso lhes é permitido. E, nesse *permitir*, podem manifestar-se as coisas mais extraordinárias.

VERGONHA
Proteção da nossa dignidade

Nós nos envergonhamos quando cometemos um erro e quando nos vemos expostos aos outros por conta de uma irregularidade. Nós nos envergonhamos quando o outro vê a nossa fraqueza ou a nossa nudez. E nos acanhamos quando alguém nos envergonha, quando alguém nos tira nossa dignidade. A palavra alemã *Scham* (vergonha) origina-se da palavra grega *aidos* e significa a vergonha perante algo valioso, a vergonha perante Deus, mas também a reverência diante das pessoas, sobretudo das pessoas que ocupam posições elevadas. Mas, em língua alemã, também há a palavra *Schamhaftigkeit* (a vergonha que ultraja), originada da palavra grega *aischyne*. Nesse caso, ela tem a ver com desonra. A palavra alemã *Scham* está intimamente relacionada a *Schande* (desonra). Nós nos envergonhamos quando nos tornamos uma desonra para os outros, quando somos um inconveniente para eles, quando eles são obrigados a se envergonharem por nós.

Em Gênesis, na história do paraíso, Adão e Eva envergonham-se porque descobrem que estão nus. A partir dessa passagem bíblica, a vergonha passou a ser sempre vinculada à sexualidade. Sentimos vergonha da nossa nudez, dos nossos órgãos genitais. Por isso, os cobrimos. Lidamos cerimoniosamente com eles, não queremos mostrá-los ao outro. Entretanto, vergonha não é um sentimento relacionado somente à sexualidade. Ela se refere a um comportamento faltoso. Alguns se envergonham de si mesmos, por não serem quem gostariam de ser. Outros, só se envergonham quando as pessoas veem seus erros e fraquezas. Outros, ainda, também se envergonham pelos erros das demais pessoas às quais sentem que estão ligados. Vergonha pode ser um afeto que nos denigre. Diz o ditado na Alemanha: *Ich schäme mich in Grund und Boden* (Eu me envergonho profundamente; até o mais profundo da terra). Isso quer dizer: Eu adoraria poder sumir, para debaixo da terra, e me tornar invisível para os outros. Eu mesmo não posso me suportar sendo assim como sou, com esse comportamento falho. Mas vergonha pode também ser uma proteção do que é estritamente pessoal, da esfera íntima da minha pessoa. Disso faz parte a sexualidade, mas também meus mais profundos mistérios. Eu me sinto acanhado quando alguém conta para os outros aquilo que lhe confidenciei. Posso falar sobre tudo que há em mim com uma pessoa em quem tenho confiança. Mas, quando as pessoas só estão interessadas em descobrir minhas fraquezas, então eu me envergonho, eu gostaria de me proteger delas.

Quando alguém nos envergonha ficamos constrangidos. Muitas vezes as crianças se sentem envergonhadas quando os pais contam para os parentes o que elas fizeram ou disseram, ou quando falam sobre seus medos e maneira de ser, diante de outras pessoas. Elas então sentem o seguinte: Não podemos nos proteger. Fala-se sobre o que nos é mais íntimo e, sobretudo, perante pessoas de quem gostaríamos de esconder o que nos é mais íntimo. Não queremos que todos possam saber o que se passa em nosso coração. Nós temos a sensação de que guardamos um mistério, o espaço sagrado do nosso ser, nossa esfera íntima, não só nossa sexualidade, mas também nossos sentimentos e pensamentos estritamente pessoais.

É fundamental examinarmos e esclarecermos nossa vergonha, onde ela nos faz bem e onde ela nos impede de viver de acordo com nossa natureza.

Nós nos sentimos constrangidos quando passamos pela experiência de sermos humilhados ou diminuídos por alguém. A mais profunda vergonha sentem as crianças que são abusadas sexualmente. A vergonha faz com que se fechem para outras pessoas e, muitas vezes, para si mesmas. Vergonha é, então, a única possibilidade que as crianças têm de se proteger do abuso, porque, do contrário, elas se quebrariam totalmente por dentro. Mas, nesse caso, a vergonha também pode paralisar. E é bom quando as crianças podem falar sobre a vergonha que sentem. Todavia, é inevitável que, ao falarem, elas venham a se ferir novamente. É necessário um cuidado imenso para se falar com alguém sobre sua vergonha. Pois ela é algo tão difícil e frágil que tem de se lidar com isso com toda atenção. Muitas vezes, as vítimas de abusos sexuais só conseguem falar sobre sua vergonha na idade adulta.

Por vezes, também nos envergonhamos quando somos elogiados exageradamente ou quando somos o centro das atenções. Nós nos encabulamos porque percebemos que tais elogios não nos cabem. Eles também abordam algo em nossa alma que preferiríamos esconder. Decerto que nos alegramos por nossas capacidades e porque elas e nossas ações são reconhecidas. Mas ao mesmo tempo nos envergonhamos porque sentimos que isso não pertence à esfera pública.

A psicologia reconheceu que a vergonha é um sentimento importante para o ser humano. A vergonha protege a nossa dignidade. Ela nos confere a sensação do que nos é adequado. Mas também há a vergonha que nos intimida e que nos distancia da vida. Quando alguém se envergonha por um erro cometido há muito tempo, ele se sente paralisado. A vergonha o impede de se dedicar, agora, ao momento presente. Portanto, é fundamental examinarmos e esclarecermos nossa vergonha, onde ela nos faz bem e onde ela nos impede de viver em conformidade com nossa natureza.

POSFÁCIO

Examinamos individualmente algumas emoções. E verificamos que são uma intensa fonte de força. Elas nos motivam a empreender coisas; elas nos dão força para nos dedicarmos a algo apaixonadamente. Porém, as emoções também podem nos mover drasticamente, sem que estejam direcionadas a um objetivo definido e palpável. Elas podem nos dominar. E, então, já não constituem mais uma fonte de força que nos impulsiona, mas um poder que *nos* domina e que tolhe nossa energia emocional. Elas podem nos revolver internamente de tal maneira, a ponto de não enxergarmos mais claramente e de não sabermos mais o que pensar ou o que fazer.

A ambivalência das emoções sempre nos aparece durante a observação. Se elas se tornarão para nós uma fonte que nos fortalece, ou se nos paralisarão, depende de nós, de nosso modo de lidar com elas. No tocante a todas as emoções, tratava-se sempre de examinar a emoção, estabelecer um diálogo com ela, questionar sua causa, seu sentido e refletir sobre como ela pode se tornar uma força positiva para nossa vida.

O outro significado importante da emoção é que ela faz com que estabeleçamos relações com as pessoas. O que percebemos em nossa alma e também externalizamos, nos leva ao relacionamento com o outro. Quem interrompe uma emoção torna-se incapaz de entrar em ressonância emocional com uma outra pessoa. Ele poderá ter muitos contatos, mas nenhum relacionamento real. Conhecer as próprias emoções e ser íntimo delas abre o coração para o coração do próximo. Pois o coração nunca é puramente racional. Ele é sempre cheio de emoções. À medida que observamos as próprias emoções, tornamo-nos abertos para o outro e, quando percebemos o outro com suas emoções, entramos em contato com a sua pessoa. Pois a pessoa do outro não se mostra para nós tanto assim nos argumentos racionais que ele nos apresenta durante as conversas, mas, principalmente, nos sentimentos que ele nos demonstra. Eles são um acesso à nossa própria pessoa. Somos sempre nós que estamos em jogo e nossa forma única, modelada por nossa própria história de vida. Do mesmo modo, entra sempre em jogo a relação com o outro. Quando admitimos nossas emoções e as mostramos para o outro, então é gerada uma ressonância, um uníssono de emoções, as nossas juntamente com as da pessoa com quem falamos, com quem encontramos.

A reflexão acerca de nossas emoções evita que nos tornemos um sentimentaloide que só sabe se deixar levar por emoções nas quais não se pode confiar. Examinar e dialogar com as emoções leva-nos a poder experienciar nossos sentimentos como fonte de força e como capacitação para o verdadeiro encontro com o outro. Uma reflexão assim nos torna capazes de ter as emoções sob controle e não que elas tenham controle sobre nós. Quando lidamos com elas, ativamente, então, elas se tornam verdadeiramente uma bênção para nós e para o encontro com o outro. E, assim, elas nos tornam aptos para uma convivência humana mais profunda, para um encontro norteado pelo amor e pela humanidade, pela afabilidade e pela proximidade emocional.

Referências

KAST, V. *Freude, Inspiration, Hoffnung*. Munique, 1997.

LUZ, U. *Evangelium nach Matthäus*. Zurique/Neukirchen, 1985-1995.

RAHNER, K. "Reue". In: *SM*, IV, 300-306.

MEU LIVRO DE ORAÇÕES

Anselm Grün

Autor reconhecido mundialmente por suas obras sobre espiritualidade e autoconhecimento, Anselm Grün trás nesta nova obra uma seleção de orações que são oriundas da tradição beneditina e outras, que estão próximas ao espírito beneditino. O autor escreveu também orações inspiradas na experiência das instituições monásticas. Para os monges, oração significa: oferecer a Deus sua vida inteira, sua verdade mais íntima, para que o Espírito de Deus possa permear tudo em nós, e nos transformar.

Segundo Grün: "Na oração, ofereço a Deus os meus sentimentos, as minhas afeições, os meus medos, para que, através deles, eu possa sentir Deus como o fundo mais recôndito da minha alma e onde encontro tranquilidade. Bento significa: 'o abençoado'. Orar, para São Bento, significa também, colocar tudo sob a bênção de Deus: a mim mesmo, as pessoas e a realidade deste mundo, para que possamos vivenciar que tudo pode vir a ser uma bênção para nós e que, nós mesmos, somos uma bênção para as pessoas. O objetivo de orar, pedir, louvar e abençoar é que Deus seja glorificado em tudo".

Anselm Grün *é autor reconhecido no mundo inteiro por seus inúmeros livros publicados em mais de 28 línguas, o monge beneditino Anselm Grün, da Abadia de Münsterschwarzach (Alemanha), une a capacidade ímpar de falar de coisas profundas com simplicidade e expressar com palavras aquilo que as pessoas experimentam em seu coração. Procurado como palestrante e conselheiro na Alemanha e no estrangeiro, tornou-se ícone da espiritualidade e mestre do autoconhecimento em nossos dias. Tem dezenas de obras publicadas no Brasil.*

CULTURAL

Administração – Antropologia – Biografias
Comunicação – Dinâmicas e Jogos
Ecologia e Meio Ambiente – Educação e Pedagogia
Filosofia – História – Letras e Literatura
Obras de referência – Política – Psicologia
Saúde e Nutrição – Serviço Social e Trabalho
Sociologia

CATEQUÉTICO PASTORAL

Catequese – Pastoral
Ensino religioso

REVISTAS

Concilium – Estudos Bíblicos
Grande Sinal
REB – SEDOC

TEOLÓGICO ESPIRITUAL

Biografias – Devocionários – Espiritualidade e Mística
Espiritualidade Mariana – Franciscanismo
Autoconhecimento – Liturgia – Obras de referência
Sagrada Escritura e Livros Apócrifos – Teologia

PRODUTOS SAZONAIS

Folhinha do Sagrado Coração de Jesus
Calendário de mesa do Sagrado Coração de Jesus
Agenda do Sagrado Coração de Jesus
Almanaque Santo Antônio – Agendinha
Diário Vozes – Meditações para o dia a dia
Encontro diário com Deus – Guia Litúrgico

VOZES NOBILIS

Uma linha editorial especial, com importantes autores, alto valor agregado e qualidade superior.

VOZES DE BOLSO

Obras clássicas de Ciências Humanas em formato de bolso.

CADASTRE-SE
www.vozes.com.br

EDITORA VOZES LTDA.
Rua Frei Luís, 100 – Centro – Cep 25689-900 – Petrópolis, RJ
Tel.: (24) 2233-9000 – Fax: (24) 2231-4676 – E-mail: vendas@vozes.com.br

UNIDADES NO BRASIL: Belo Horizonte, MG – Brasília, DF – Campinas, SP – Cuiabá, MT
Curitiba, PR – Florianópolis, SC – Fortaleza, CE – Goiânia, GO – Juiz de Fora, MG
Manaus, AM – Petrópolis, RJ – Porto Alegre, RS – Recife, PE – Rio de Janeiro, RJ
Salvador, BA – São Paulo, SP